KB267801

진정한 나다움을
선물하는

성형외과
의사

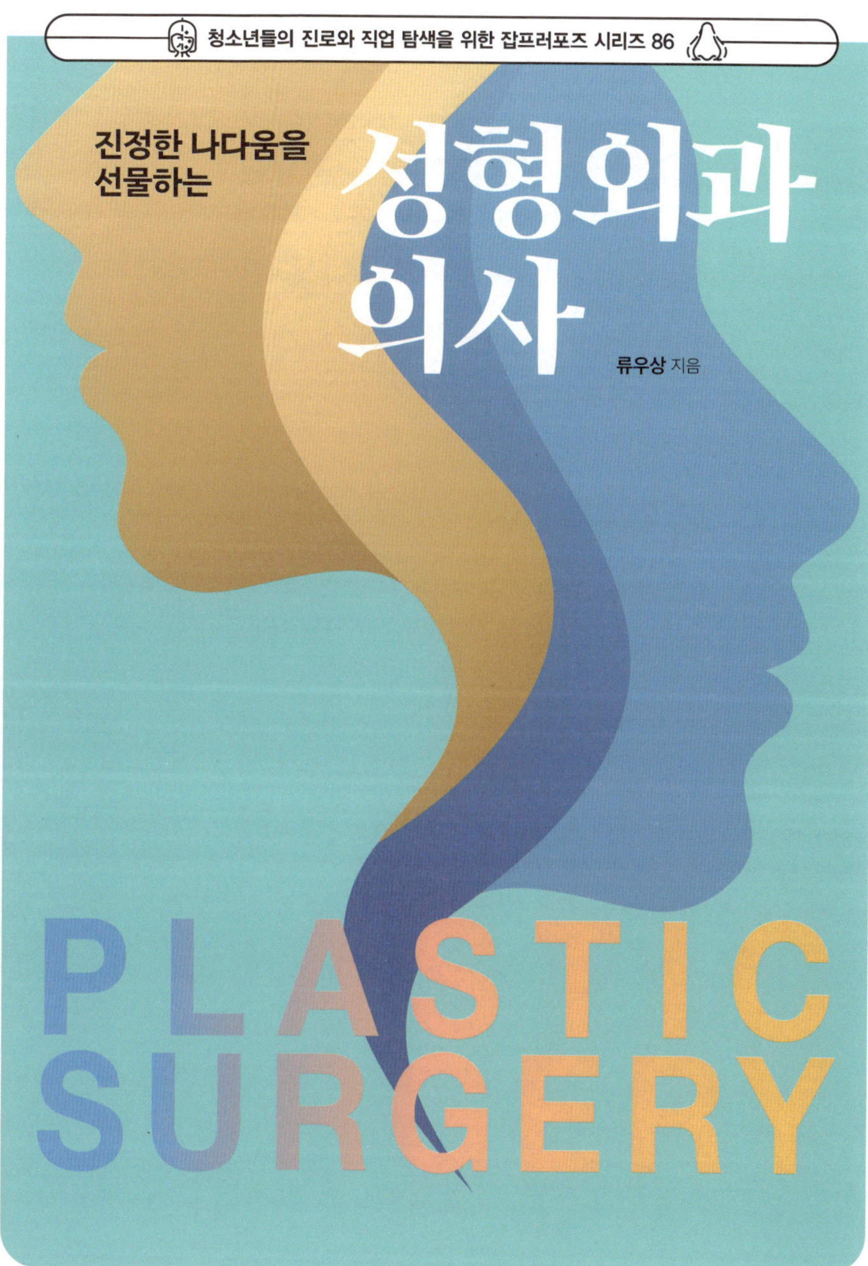

진정한 나다움을
선물하는

성형외과
의사

류우상 지음

TALK SHOW

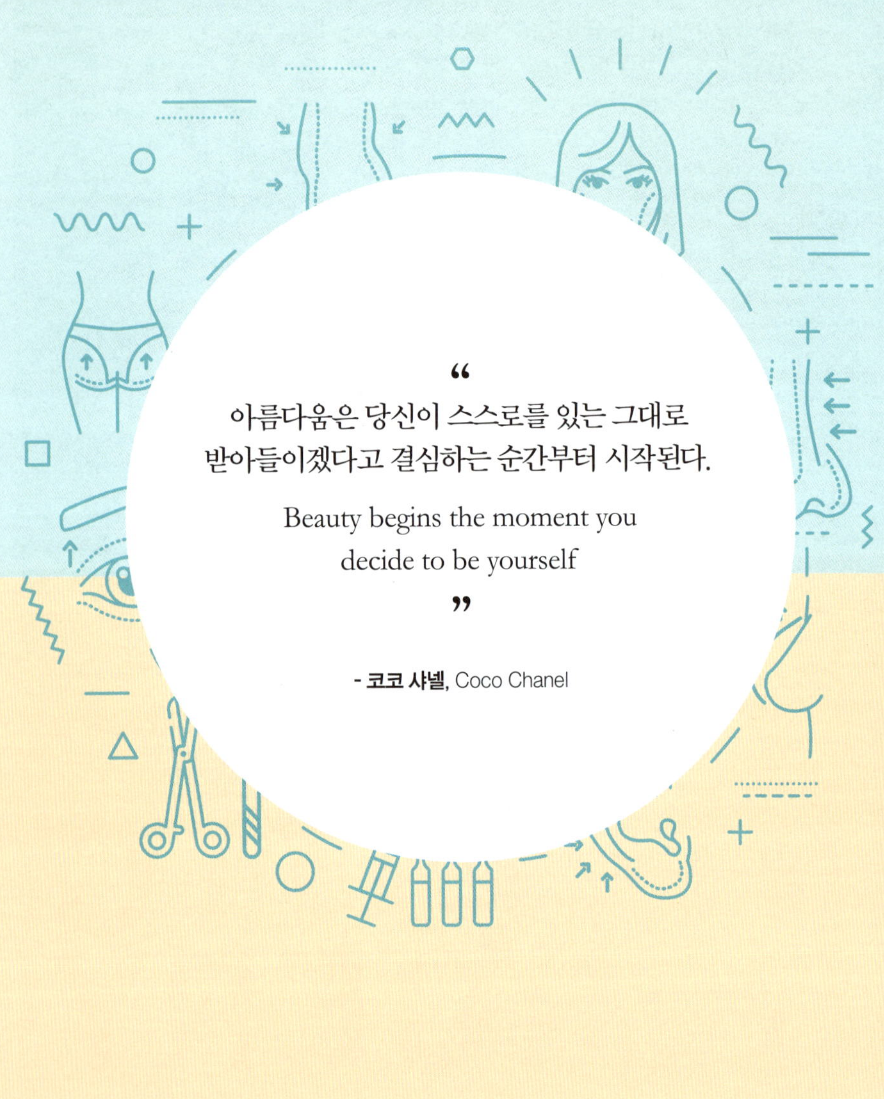
아름다움은 당신이 스스로를 있는 그대로
받아들이겠다고 결심하는 순간부터 시작된다.

Beauty begins the moment you
decide to be yourself

- 코코 샤넬, Coco Chanel

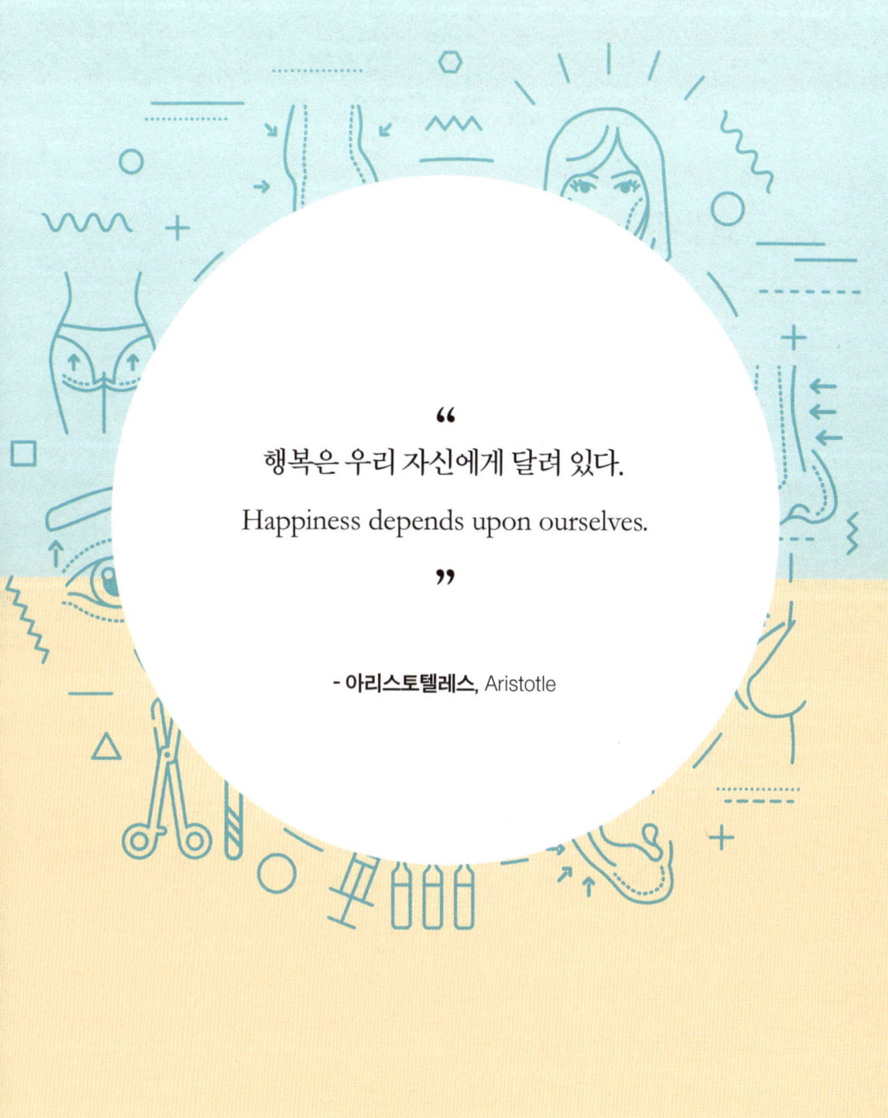
"
행복은 우리 자신에게 달려 있다.

Happiness depends upon ourselves.

"

- 아리스토텔레스, Aristotle

C·O·N·T·E·N·T·S

성형외과 의사가 되는 방법 … 087

C·O·N·T·E·N·T·S

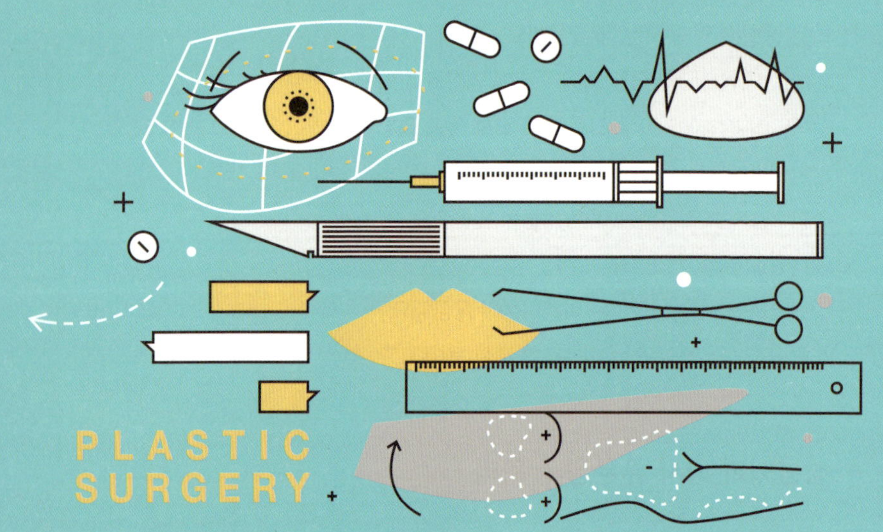
PLASTIC
SURGERY

성형외과 의사 류우상의
프러포즈

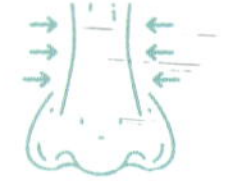

PROPOSE

안녕하세요? 성형외과 전문의 류우상입니다.

지난 10년이 넘는 시간 동안, 수많은 사람과 마주하며 그들의 외모뿐 아니라 마음속 이야기까지 함께해왔습니다. 성형은 단순한 '변화'가 아닌, 그 사람의 삶과 깊이 연결된 이야기라는 걸 알게 되었죠.

그 과정에서 늘 떠올랐던 질문이 있었습니다.
'왜 성형을 하고 싶을까?'
'아름다움이란 과연 무엇일까?'
이 질문에 정답은 없지만, 그 답을 찾아가는 과정은 분명히 존재한다고 믿습니다. 그래서 이 책을 쓰게 되었습니다.

이 책은 성형을 고민하고 있거나, 앞으로 성형외과 의사를 꿈꾸는 청소년 친구들, 그리고 그 곁에서 마음을 졸이고 있을 부모님들께 들려주고 싶은 이야기입니다. 외모의 변화를 고민하기 전에 꼭 한 번쯤 스스로에게 던져봐야 할 질문들과 그 안에서 진짜 '나다움'을 찾아가는 길을 함께 나누고 싶었습니다.

부디 이 책이 여러분의 선택 앞에 작은 나침반이 되어주길 바랍니다. 현명한 결정, 후회 없는 선택, 그리고 무엇보다 자신을 아끼는 마음으로 이어지길 진심으로 바랍니다.

청소년 시기에는 외모 하나에도 마음이 크게 흔들리고, 작은 변화에도 깊은 고민이 생깁니다. 그래서 어떤 친구들은 조급한 마음에 성형을 서두르기도 하죠. 하지만 그럴수록 무엇보다도 현명한 선택이 필요합니다. 성형의 접근성이 점점 쉬워지면서 너무 어린 나이부터 성형을 고민하거나, 심지어 어떤 분은 어린 나이에 성형을 권유하기도 합니다. 그렇게 서두른 선택으로 겪지 않아도 될 부작용이나 힘든 시간을 경험하는 친구들을 보면 성형외과 의사로서 너무 안타깝습니다.

그렇다고 성형을 무조건 하지 말라는 건 아닙니다. 더 예뻐지고 싶고 멋져지고 싶은 마음이 얼마나 큰지 잘 알고 있어요. 그 마음 자체는 아주 자연스러운 거예요. 다만, 그 선택이 조급함이 아니라 충분히 고민하고 자신을 존중하는 마음에서 나와야 건강하고 후회 없는 결과로 이어질 수 있어요.

그래서 이 책을 통해 성형외과 의사라는 직업을 소개하는 동시에, 여러분이 내 안의 소중함을 다시 발견하는 기회가 되길 바랍니다. 그 여정에 저 또한 함께하겠습니다. 여러분이 어떤 선택을 하든 자신을 아끼고, 사랑하며, 자신답게 빛나길 진심으로 응원합니다. 여러분 모두 존재 자체로 아름답다는 걸 잊지 마세요.
 그럼, 이제 저와 함께 성형외과의 세계로 떠나봅시다!

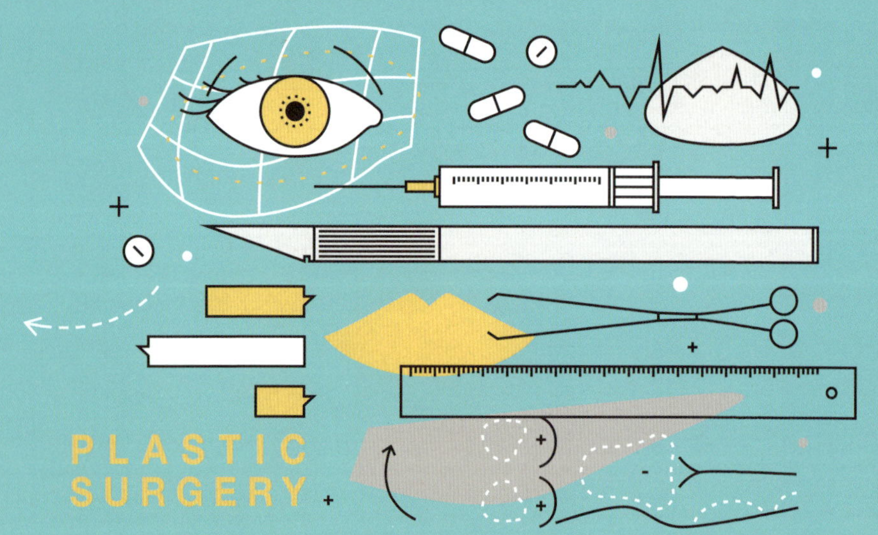
PLASTIC
SURGERY

첫인사

편 토크쇼 편집자

류 류우상 성형외과 의사

편 선생님, 안녕하세요? 성형외과 전문의 선생님을 예전부터 뵙고 싶었는데, 이렇게 저자로 모시게 되어 영광입니다. 〈잡프러포즈 시리즈〉를 통해 우리 청소년을 만나는 소감이 어떠신가요?

류 이렇게 좋은 기회를 주셔서 저 역시 무척 영광입니다. 사실 예전부터 청소년들에게 전하고 싶은 이야기가 많았어요. 이 책이 성형을 고민하는 청소년들뿐만 아니라 그들의 부모님께도 긍정적인 자극이 되어, 자기 자신을 성찰할 수 있는 계기가 되기를 기대합니다.

편 선생님께서 청소년들에게 성형외과 의사라는 직업을 소개하면서, 가장 전하고 싶었던 메시지는 무엇인가요?

류 저는 성형수술을 선택하기 전에 꼭 한 번 멈춰 서서, 스스로에게 질문을 던져보라고 제안하고 싶어요.

많은 친구가 '예뻐지고 싶다', '멋져지고 싶다'라는 단순한 이유로 수술을 서두르기도 해요. 그런데 정작 중요한 건 "나는 왜 이 수술을 하고 싶은 걸까?", "이 선택이 정말 나를 위한 것일까?"라는 질문을 스스로에게 던져보는 과정이에요. 이런 과정 없이 무분별하게 성형을 하면, 기대와 다른 결과로 오히려 더 큰 상처를 받는 경우를 실제로 여러 번 보았습니

성형외과 전문의 류우상

다.

그래서 저는 성형외과 의사로서, 청소년들이 성형 수술을 선택하기 전에 먼저 자신을 돌아보고, 자신이 원하는 삶의 방향을 생각해 보길 바랍니다. 외모를 바꾸는 기술은 성형외과 의사인 제가 담당하는 영역이지만, 그 기술을 올바른 방향으로 이끄는 힘은 자기 자신을 아끼고 존중하는 마음에서 시작되기 때문입니다.

편 선생님, 소셜 미디어의 발달로 전 세계의 모든 정보는 실시간으로 공유되고 있습니다. 특히 SNS가 이야기보다는 이미지 노출에 강하다 보니, 사람들의 외모가 굉장히 중요한 시대가 되었어요. 이 현상에 대해서 어떻게 생각하시나요?

류 이러한 현상을 부정할 수는 없어요. 중요한 건, 그 흐름을 어떻게 받아들이느냐예요. 외모는 나를 표현하는 한 가지 도구일 뿐이고, 진짜 매력은 내가 가진 생각, 태도, 관계 속에서도 나타나요. 결국 외모가 주목받는 시대일수록, 더 중요한 건 자기 자신의 중심을 잡고, 내면을 키워가는 태도예요. 그래야 외모의 아름다움도, 삶의 아름다움도 균형을 찾게 되거든요.

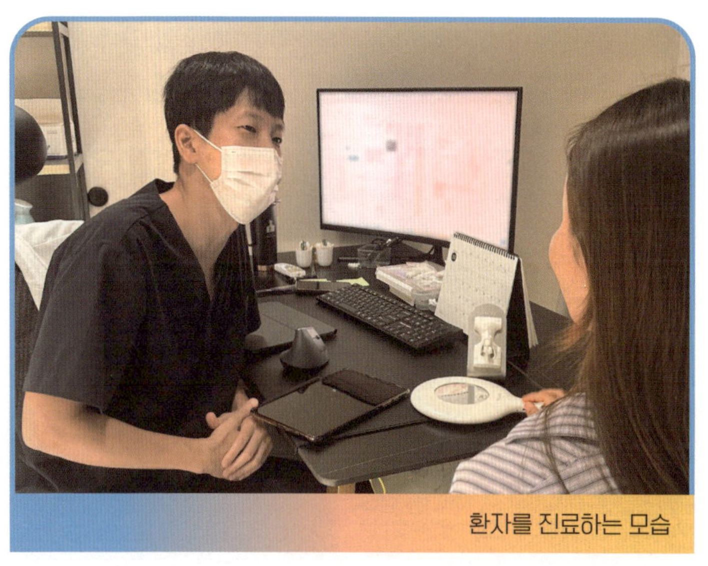

편 성형외과 의사가 환자를 진료할 때 가장 중요하게 생각하는 건 무엇인가요?

류 환자를 진료할 때 제가 가장 중요하게 생각하는 건 '소통'이에요. 단순히 겉모습만 보고 수술을 결정하는 게 아니라, 충분한 대화를 통해 환자가 어떤 걱정과 고민이 있는지 먼저 이해하려고 합니다. 그래야만 그 사람의 상황과 마음에 맞는 수술 계획을 세울 수 있고, 결과 또한 더 만족스러울 수 있거든요.

편 선생님, 도대체 아름다움이란 뭘까요? 우리가 추구하는 아름다움의 끝이 있기는 한가요?

류 사람마다 아름다움의 기준이 다르고, 시대와 문화에 따라서도 달라져요. 그래서 절대적인 아름다움이나 정답은 없어요. 결국 중요한 건 남이 정한 기준이 아니라 내가 만족할 수 있는 지점을 찾는 거예요. 그 만족이 있어야 비로소 '아름다움'이 나에게 힘이 될 수 있죠. 하지만 여기서 한 가지 조심해야 할 게 있어요. 만족을 찾지 못한 채 계속 '더, 더, 더'를 추구하다 보면, 어느 순간 아름다움이 나를 지켜주는 힘이 아니라 오히려 나를 소모하는 '덫'이 되기도 해요. 성형수술 역시 마찬가지예요. 자기 얼굴에 어울리는 선에서, 자기 삶에 힘이 되는 지점에서 멈추는 것도 중요합니다.

편 저는 지금까지 많은 직업인을 인터뷰했는데요, 항상 가장 먼저 드리는 질문이 있습니다. 류우상 선생님께서는 '진정한 직업인'이란 어떤 사람이라고 생각하시나요?

류 진정한 직업인은 꾸준히 배우며, 전문성을 쌓고, 맡은 일의 결과에 끝까지 책임을 지는 사람이라고 생각해요. 더 나아가 정직과 신뢰를 바탕으로 윤리를 지키고, 자기 일을 통해 사회에 긍정적인 영향을 주는 사람이야말로 진정한 직업인이 아닐까요? 저도 진정한 직업인이 되기 위해 꾸준히 노력 중이에요.

편 이 책이 성형외과에 대한 다양한 지식과 정보를 전하고, 그리고 나 자신을 어떻게 바라보아야 행복한지 돌아보는 계기가 될 것 같습니다. 성형외과 의사의 세계로 들어가 보겠습니다.

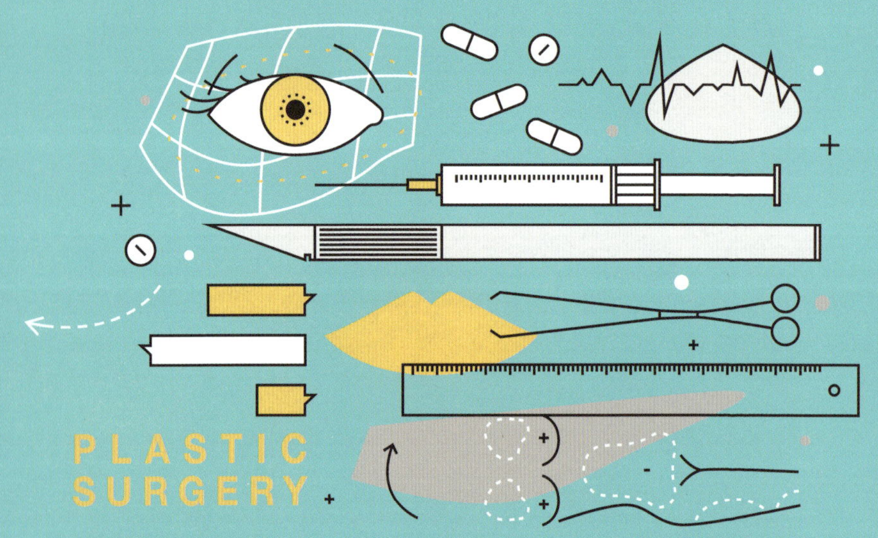
PLASTIC
SURGERY

진짜 나다움
확인하기

청소년 멘토
류우상 성형외과 선생님의
솔직한 조언

편 선생님, 이 책은 성형수술에 관한 내용을 다루기 때문에, 들어가기 전에 '나 자신을 어떻게 바라볼 것인가?'에 대해 먼저 이야기하고 싶어요. 연예인들을 보면 너무 예쁘고, 잘 생겼어요. 항상 내 눈에 이렇게 특별한 사람들이 보이는데, 자기 외모에 만족할 수 있나요?

류 연예인을 보고 거울 속 나를 봤을 때, 만족하기가 어려울 수 있죠. 만약 계속 비교만 한다면, 평생 만족할 수 없을 거예요.

그렇다면 어떻게 하면 만족하면서 지낼 수 있을까요? 제 생각에 진짜 만족은 '비교'에서 오는 게 아니라 '발견'에서 오는 것 같아요. 이미 내 안에는 내가 미처 발견하지 못한 장점들이 있거든요. 어떤 사람은 웃는 얼굴에서, 또 어떤 사람은 목소리에서 매력을 느낄 수 있어요. 내가 몰랐던 나만의 특별함을 발견하는 순간, 자존감은 자연스럽게 올라가죠.

사실 우리가 좋아하는 연예인들을 떠올려보면, 모두가 똑같이 생겨서 사랑받는 게 아니에요. 각자의 분위기와 개성이 있기에 빛나는 거죠. 외모에 대한 만족은 거울 속에서 찾는 게 아니라, 나 자신을 있는 그대로 바라보고 그 안에서 가치를 발견할 때 찾아옵니다. 나답게 살아가는 순간, 여러분은 이미 충분히 빛나고 있을 거예요.

편 요즘 스마트폰 카메라 애플리케이션이 많잖아요. 내 얼굴의 장점만 뽑아서 예쁘게 나오더라고요. 그렇게 나온 내 사진을 보면 기분이 좋은데, 거울에 비친 내 얼굴을 보면 속상하기도 해요. 그럴 때 성형수술을 하고 싶다고 생각했던 것 같아요. 카메라가 보정한 내 사진과 실물의 차이를 어떻게 받아들여야 할까요?

류 우리가 카메라 앱으로 찍은 사진이나 보정한 사진은 '현실의 나'라기보다는 이상화된 이미지예요. 내 모습의 단점을 지우고 새로운 얼굴을 만들어내는 방식이니까요. 그렇기에 우리는 누구나 사진 속의 나와 거울 속의 나 사이에서 차이를 느끼게 되죠. 하지만 그 차이가 '가짜와 진짜'의 대립이라기보다는, 내가 가진 여러 모습 중 하나일 뿐이에요. 중요한 건 그 차이를 어떻게 받아들이느냐예요. 사진 속의 나는 연출된 순간이고, 거울 속의 나는 매일을 살아가는 나 자신이에요. 다만, 그중에서 내 인생의 중심은 '거울 속의 나'라는 사실을 잊지 말아야 해요. 그렇게 받아들일 때, 사진 속의 나도 즐겁게 바라볼 수 있고, 거울 속의 나도 따뜻하게 받아들일 수 있게 됩니다.

편 장점만 있는 얼굴이 가능한가요?

류 장점만 있는 얼굴은 사실 존재하지 않아요. 우리가 완벽하다고 여기는 얼굴도 자세히 들여다보면 누군가의 눈에는 단점처럼 보이는 부분이 있고, 반대로 단점처럼 여겨지던 부분이 다른 사람에게는 매력으로 보이기도 하거든요. 얼굴은 단 하나의 특징으로 평가되는 게 아니라, 조화와 균형 속에서 빛나는 법이에요.

중요한 건 단순히 단점을 없애는 게 아니라, 장점을 드러내고 단점을 보완해서 나만의 얼굴, 나만의 분위기를 만드는 거예요. 오히려 작은 흠이 있기에 더 자연스럽고, 따뜻해 보이기도 하죠.

성형의 목표도 '완벽한 얼굴'을 만드는 게 아니라, 그 사람에게 가장 잘 어울리고, 삶과 조화를 이루는 얼굴을 찾는 데 있어요. 장점만 있는 얼굴은 없지만, '나답게 살아가는 얼굴'은 누구에게나 가능합니다. 바로 그 순간, 여러분은 이미 세상에서 단 하나뿐인 특별한 얼굴을 가진 사람이 되는 거예요.

편 아이돌 그룹의 나이가 워낙 어리다 보니까, 초등학교 저학년 학생들도 성형에 대한 거부감이 없는 것 같아요. 당연한 과정이라고 생각하더라고요.

류 놀랍게도 가끔 초등학생이 상담을 받으러 오는 경우가 있습니다. 하지만 저는 그 친구들에게 충분히 설명해 주고, 아직은 수술이 필요하지 않다는 말과 함께 돌려보냅니다.

너무 어린 나이에 성형을 하면 아직 완성되지 않은 나만의 정체성에 직접적인 영향을 줄 수 있어요. 아직 나라는 사람이 완전히 성장하지 않았는데 얼굴을 인위적으로 바꾸면, 오히려 자기 자신을 잃어버릴 수도 있거든요. 게다가 부작용을 겪게 될 위험도 커요.

성형은 단순히 외모를 바꾸는 기술이 아니어서, '내가 누구인가'를 알아가며 자신을 존중할 수 있을 때 비로소 건강한 선택을 할 수 있어요. 그래서 외모를 바꾸기 전에 꼭 거쳐야 할 단계가 있습니다. 바로 '진짜 나다움'을 찾는 과정이에요. 나를 있는 그대로 바라보고, 내 안에 있는 장점을 발견하고, 그것을 존중할 수 있어야 합니다. 그래야 성형수술이 나를 잃어버리는 선택이 아니라, 나를 더욱 빛나게 하는 선택이 될 수 있어요.

편 선생님께서는 자신과 가족들의 외모에 만족하시나요?

류 네 물론이죠. 저는 제 모습에도, 가족들의 모습에도 충분히 만족합니다. 그런데 그 만족이라는 건 외모가 완벽해서

가 아니라, 그 안에 사랑이 담겨 있기 때문이에요. 눈이 크지 않아도, 코가 높지 않아도 괜찮아요. 제가 사랑하는 가족이기 때문에, 작은 콧구멍 하나까지도 특별하고 예쁘게 보이거든요.

우리가 흔히 착각하는 게 있어요. 만족은 남들이 정해놓은 기준에 맞아야 가능하다고 생각하죠. 하지만 만족은 '비교'가 아니라 '시선'에서 나옵니다. 내가 어떤 눈으로 바라보느냐에 따라 같은 얼굴이 전혀 다르게 보일 수 있어요. 사랑의 눈으로 바라보면 부족함은 개성이 되고, 단점은 오히려 따뜻한 매력이 되죠.

여러분도 마찬가지예요. 지금 거울 속의 나를 있는 그대로 바라보세요. 혹시 남들이 말하는 기준에선 부족해 보일지 몰라도, 그 안에는 여러분만이 가진 색깔과 이야기가 담겨 있거든요. 자신을 사랑하는 눈으로 볼 때, 그 모습은 아주 특별하고 아름답습니다.

편 나 자신을 바라보는 기준을 만드는 게 관건일 것 같아요. '진짜 나다움', 즉 자기의 모습을 그대로 받아들이고, 소중히 여기는 마음은 어떻게 만들어야 할까요?

류 나의 모습을 소중히 여기는 마음은 작은 습관에서 시작됩니다. 거울을 볼 때 단점을 찾기보다 "이건 나만의 개성이야"라고 말해보세요. 또 "내가 가진 장점은 무엇일까?"라고 스스로에게 물어보는 것도 좋아요. 누군가는 내 웃는 모습에 따뜻함을 느낄 수 있고, 또 누군가는 내 눈빛에서 매력을 발견할 수도 있죠.

매일 내가 잘한 일이나 기분 좋았던 순간을 기록해 보세요. "오늘 발표를 끝까지 해냈다", "친구가 내 얘기를 듣고 웃어줬다"처럼 사소한 기록이 쌓이다 보면, 내가 가진 특별함을 더 분명히 느낄 수 있어요.

그리고 누군가의 칭찬을 받아들이는 연습도 필요해요. 누군가 "너 웃는 게 예쁘다", "너 오늘 멋지다"라는 말에 "에이, 아니야"하고 넘기지 말고, 그냥 "고마워"하고 받아들이는 거예요. 내 장점을 확인하는 순간, 자연스럽게 나 자신을 긍정적으로 생각하게 되죠.

마지막으로, 비교를 불러오는 환경에서 벗어나 보세요. SNS를 쉬거나, 나를 존중해 주는 친구들과 시간을 보내면 마음이 훨씬 단단해져요. 결국 나다움은 '남들이 보는 나'가 아니라 '내가 인정하고 아끼는 나'예요.

편 이 책을 읽는 청소년 여러분과 부모님들께 전하고 싶은 말씀이 있나요?

류 성형을 두고 부모님과 자녀의 생각이 다를 수 있습니다. 어떤 부모님은 "아직 어리니까 하지 마라."라고 말하고, 또 어떤 부모님은 "성형수술 해봐라."라며 권유하기도 하죠. 여기서 중요한 건 누가 맞느냐 틀리냐의 문제가 아니라 부모와 자녀 간 대화가 필요하다는 거예요.

청소년에게는 단순히 예뻐지고 싶다는 바람뿐만 아니라, '나는 어떤 모습으로 살아가고 싶을까?'라는 고민이 숨어 있을 수 있어요. 이 마음을 부모님이 들여다보지 않으면 아이는 혼자 답을 찾으려다 성급한 선택을 할 수도 있습니다. 반대로 부모님이 사랑과 관심을 가져주면, 아이는 훨씬 더 건강하고, 현명한 결정을 내릴 수 있어요. 반면 아이가 원하지 않는데 부모님의 권유로 성형을 하게 되면, 오히려 자율성과 자존감을 해칠 수 있습니다. 그래서 결국 중요한 건, 부모와 아이가 서로의 마음을 존중하며 대화하는 과정이에요.

청소년들도 부모님의 의견을 무조건 거부하기보다 대화할 준비가 되어야 해요. 부모님은 오랜 경험 속에서 쌓은 지혜와 사랑으로 조언해 주시는 거니까요. 서로의 생각을 존중하며, 솔직하게 마음을 나눌 때, 성형이라는 선택도 더 안전하고 올바른 방향으로 나아갈 수 있습니다.

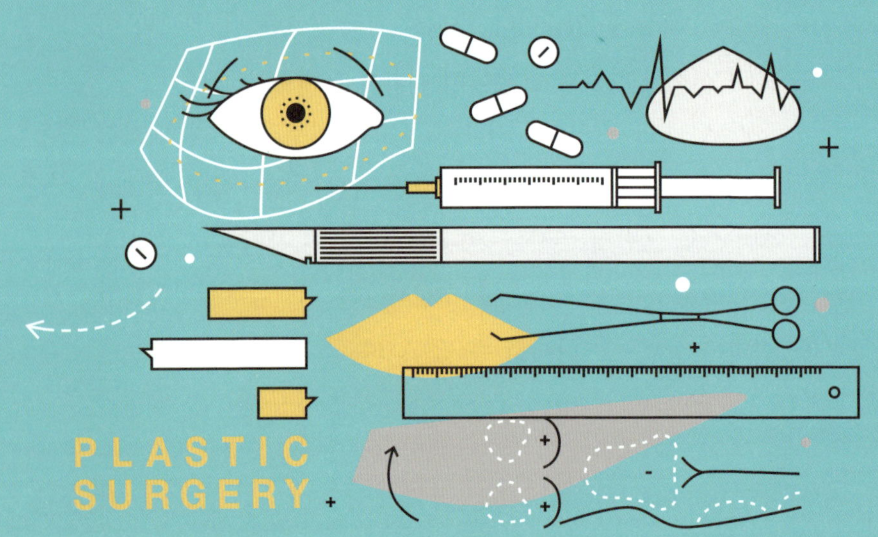
PLASTIC
SURGERY

성형외과란

성형외과학에 대해 알려 주세요

 성형외과학에 대해 알려 주세요. 아름다움은 뭔가요?

 처음 누군가를 만났을 때 우리는 자연스럽게 얼굴을 먼저 보게 됩니다. 눈빛, 표정, 분위기 같은 것들이 단 몇 초 안에 그 사람에 대한 첫인상을 만들어주죠. '착해 보인다', '자신감 있어 보인다', '피곤해 보이네' 같은 생각을 하게 되는 것도 그 때문이에요. 성형외과 전문의는 바로 이러한 얼굴을 다루는 일을 합니다.

겉모습의 변화를 통해 숨겨져 있던 아름다움을 찾아드리면, 많은 분이 "요즘 너무 행복해요", "자신감이 생겼어요", "인생이 즐거워졌어요", "거울을 볼 때 기분이 좋아요"라고 말해요. 저는 이럴때 큰 보람을 느껴요. 단순히 얼굴의 변화만이 아니라, 삶을 대하는 태도와 자신감마저 바꿀 수 있다고 믿기 때문이에요. 성형외과 의사의 역할은 결국 누군가가 자기의 길을 더 당당하게 걸어갈 수 있도록 돕는 일이 아닐까 생각합니다.

사실 누구나 저마다의 아름다움을 가지고 있습니다. 예를 들어 쌍꺼풀 수술을 하고 난 뒤 예뻐진 눈을 보고 "수술 때문에 예뻐졌다"고들 하지만, 사실은 원래 그 속에 예쁜 눈이

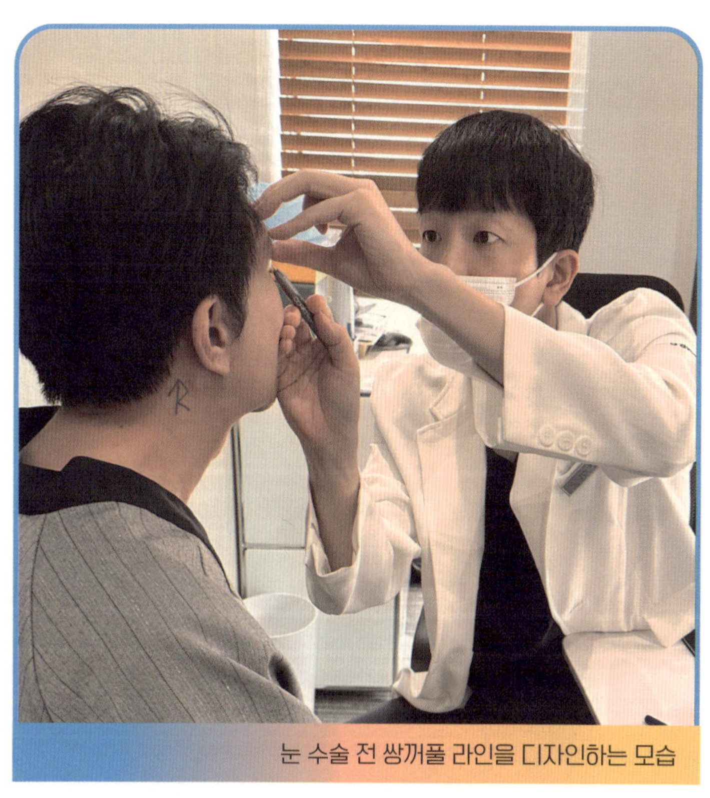

눈 수술 전 쌍꺼풀 라인을 디자인하는 모습

있었던 거예요. 저는 단지 그것을 가리고 있던 눈꺼풀을 정리
해 본래의 매력을 드러내 준 것뿐이고요. 이처럼 성형외과학
이란 새로운 아름다움을 만들어내는 것이 아니라, 이미 존재
하는 각자의 개성과 아름다움을 찾아주는 과정이라고 믿습

니다.

그런데 진정한 아름다움이란 단순히 겉모습에서만 오는 걸까요? 제가 좋아하는 해석 가운데 하나는 '아름답다'의 '아름'이 곧 '나'를 의미한다는 것에요. 그렇다면 '아름답다'라는 말은 곧 '나다운 것'이라는 뜻이 될 수 있겠죠.

성형외과학은 겉모습을 내가 원하는 방향으로 바꾸는 일을 합니다. 하지만 그 근본적인 의미는 진짜 나답게 살아가기 위해 나를 찾아가는 여정이라고 생각해요.

세상에 하나뿐인 나, 그 자체로 충분히 소중한 나, 성형외과학은 그 소중함을 잊지 않도록 돕고, 더 빛날 수 있게 만드는 조력자라 할 수 있습니다. 그러니 이 여정을 걸어가고 있는 여러분 모두가 이미 충분히 '아름다운 존재'라는 사실을 꼭 기억해 주셨으면 해요.

성형외과학의 역사를 알고 싶어요

 성형외과학의 역사를 알고 싶어요.

 성형외과학은 처음부터 사람을 더 예쁘고 멋지게 만드는 기술로 시작된 게 아니에요. 출발점은 '사람을 다시 살리는 기술'이었어요. 고대 기록에도 성형수술의 흔적이 남아 있는데, 피부나 코가 잘려나갔을 때 다른 부위의 피부를 떼어 붙여 치료했다고 전해집니다.

하지만 성형외과학이 본격적으로 발전하게 된 계기는 바로 전쟁이었어요. 전쟁 때문에 의술이 발전했다니 조금 놀랍죠? 1914년, 유럽에서 제1차 세계대전이 일어났어요. 얼굴만 내밀어 싸우는 참호전이 특징이었는데, 이 때문에 수많은 군인이 총과 폭탄에 맞아 얼굴을 심하게 다쳤어요. 당시에는 얼굴을 치료할 수 있는 전문 의사가 절실히 필요했죠. 이때 등장한 사람이 바로 '성형외과의 아버지'라 불리는 영국의 외과 의사 '해럴드 길리스Harold Gillies'예요. 그는 끔찍하게 손상된 군인들의 얼굴 형태를 복원하는 수술을 진행했어요. 수많은 부상자를 치료하면서 성형외과는 빠르게 발전하기 시작했죠.

특히 길리스는 피부를 다른 부위에서 떼어내어 손상된 곳에 붙이는 수술 기법을 체계화했어요. 이것이 바로 오늘날에

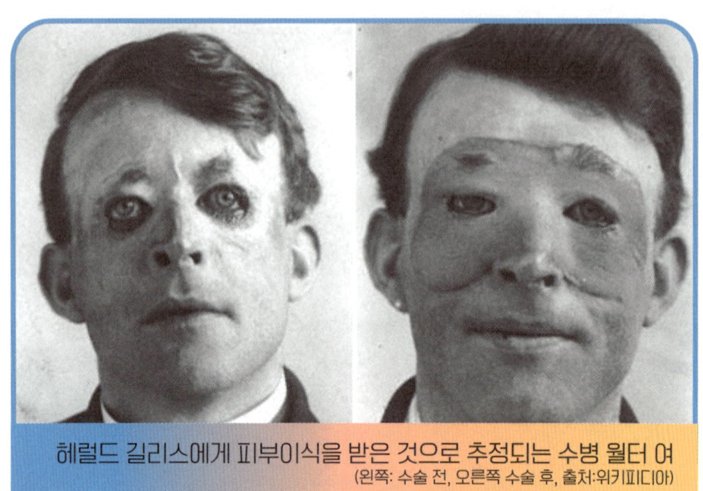

헤럴드 길리스에게 피부이식을 받은 것으로 추정되는 수병 월터 여
(왼쪽: 수술 전, 오른쪽 수술 후, 출처:위키피디아)

1차 세계대전 당시 참호전 사진 (출처:위키피디아)

도 중요한 수술 방법인 '피부 이식Skin Graft'입니다. 지금도 화상 환자나 외상 환자를 치료할 때 피부 이식은 꼭 필요한 수술 방법이에요.

이후 2차 세계대전에서도 상황은 반복됐어요. 무기는 더 강력해졌고, 부상자는 더 많아졌어요. 얼굴뿐 아니라 팔과 다리 같은 신체 일부가 사라져 버린 경우도 많았죠. 이 과정에서 성형외과는 얼굴뿐 아니라 인체 여러 부위를 재건하는 기술로 발전했어요.

전쟁은 끔찍했지만, 그 속에서 사람을 다시 살리고, 잃어버린 몸의 형태와 기능을 되찾아주려는 노력 덕분에 성형외과학은 엄청난 도약을 하게 된 것입니다.

외과와 성형외과가
분리된 이유가 무엇인가요?

편 외과와 성형외과가 분리된 이유가 무엇인가요?

류 의학분야 중에서 수술을 전문으로 하는 과가 바로 '외과'예요. 우리가 흔히 떠올리는 외과 수술은 배를 열고 맹장을 제거하거나, 암 덩어리를 절제하는 것처럼 생명을 직접적으로 구하는 수술이죠.

그런데 시간이 흐르면서 수술의 종류도 점점 더 다양해졌습니다. 단순히 생명을 살리는 것뿐 아니라, 다친 몸의 형태를 원래대로 되돌려주는 수술도 중요해졌거든요. 예를 들어, 사고로 코를 잃은 사람, 손가락이 잘려나간 사람, 태어날 때부터 입술이 갈라진 아기처럼, 이들은 '살아 있다'라는 사실만으로는 충분하지 않았어요. 일상으로 돌아가기 위해서는 모양과 기능을 함께 되찾는 과정이 필요했죠. 이러한 모든 수술을 기존의 외과에서 다루기에는 성격이 조금 달랐습니다. 그래서 이 분야를 전문적으로 연구하고 수술하는 과가 생겼고, 그것이 바로 '성형외과'입니다.

성형외과는 흔히 '예뻐지기 위한 수술만 하는 곳'으로 생각되곤 하지만, 본래는 사고, 화상, 선천적인 문제 등으로 손상된 얼굴과 몸을 복원하는 일, 즉 '재건Reconstruction'에서 출발했습니다. 재건 수술의 과정에서 환자들은 기능적 회복만이 아니라, 보다 자연스럽고 아름다운 결과를 요구하게 되었고, 미적 기준과 형태적인 조화의 중요성이 점차 부각되기 시작했습니다. 그 흐름 속에서 미용성형이 발전하게 된 것이고요.

정리하자면, 성형외과는 외과처럼 수술을 통해 신체를 고치고 되돌리는 '재건의 역할'을 하면서도, 동시에 아름다움과 조화를 추구하는 '미적 감각'까지 결합한, 조금 더 특화된 의학 분야라고 할 수 있습니다.

성형외과도 분야별로 나뉘나요?

편 성형외과도 분야별로 나뉘나요?

류 성형외과는 머리부터 발끝까지, 우리 몸의 겉모습과 기능을 함께 다루는 진료과예요. 겉으로 보이는 얼굴, 팔, 다리뿐만 아니라, 보이지 않는 부분의 기능까지 회복시키는 걸 목표로 하죠. 그래서 성형외과는 크게 두 가지로 나눌 수 있어요. 하나는 다치거나 선천적으로 이상이 있는 부위를 회복시키는 '재건 수술', 또 하나는 외모를 더 아름답고 조화롭게 만들어주는 '미용 수술'이에요. 이 두 가지는 완전히 다른 것처럼 보이지만, 사실은 서로 연결되어 있어요.

주요 세부 분야

· 두개(頭蓋)안면 분야

이름이 조금 어려울 수 있지만, 말 그대로 두개골(머리뼈), 얼굴뼈와 연부 조직에 생긴 문제를 치료하는 분야예요. 사람의 얼굴은 단순히 눈, 코, 입이 있는 곳이 아니라, 뼈의 구조와 균형, 그리고 그 위에 놓인 근육, 피부까지 모두 연결된 복잡한 공간이에요. 이 분야

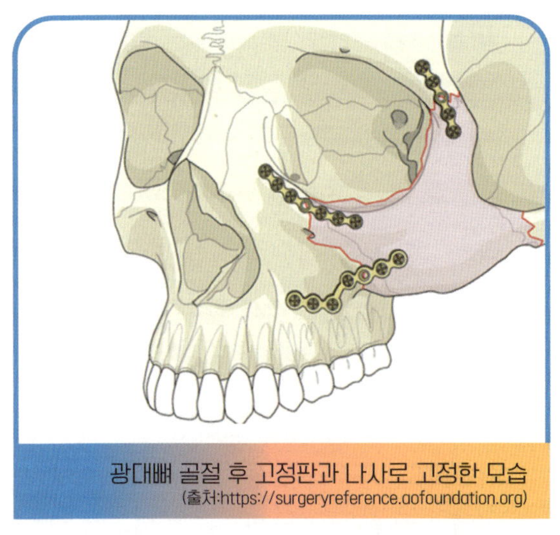

광대뼈 골절 후 고정판과 나사로 고정한 모습
(출처:https://surgeryreference.aofoundation.org)

에서는 선천적으로 얼굴뼈의 구조에 이상이 있는 경우나, 사고로 얼굴을 심하게 다친 경우를 수술로 치료하게 돼요. 특히 교통사고나 낙상 등으로 인해 광대뼈, 턱뼈, 눈 주위 뼈, 코뼈가 부러지는 경우가 많은데, 부러진 뼈를 맞추는 수술을 해요. 예를 들어 광대뼈가 부러졌다고 해볼게요. 뼈가 조금만 안 맞아도 얼굴이 비대칭이 되거나, 한쪽 볼이 꺼져 보일 수 있어요. 그래서 수술할 때는 얼굴 전체를 3차원적으로 생각하면서, 정밀하게 뼈의 위치를 맞추고, 고정판과 나사를 사용해서 뼈를 단단히 고정해요.

쌍꺼풀 수술, 코 수술, 안면 윤곽 수술, 안면거상 수술 등이 여기에 해당하죠. 이런 수술은 단순히 외모를 바꾸는 데 그치지 않고, 내면에 있던 아름다움을 끌어내고 스스로에 대한 자신감을 높여주는 중요한 계기가 되기도 해요. 그래서 많은 분이 수술 이후, 삶을 바라보는 태도나 행동마저 달라졌다고 이야기하죠.

보통은 미용성형을 여성들만 하는 것으로 생각하기 쉬운데요. 요즘은 남성들도 외모에 대한 관심이 높아지면서 성형을 받는 경우가 많아지고 있습니다. 더 또렷한 이목구비, 한층 세련된 인상, 그리고 남자다움을 강조한 이미지 변화를 통해 자신감을 얻고 싶은 마음은 남녀 모두에게 공통된 욕구이기 때문입니다. 누구

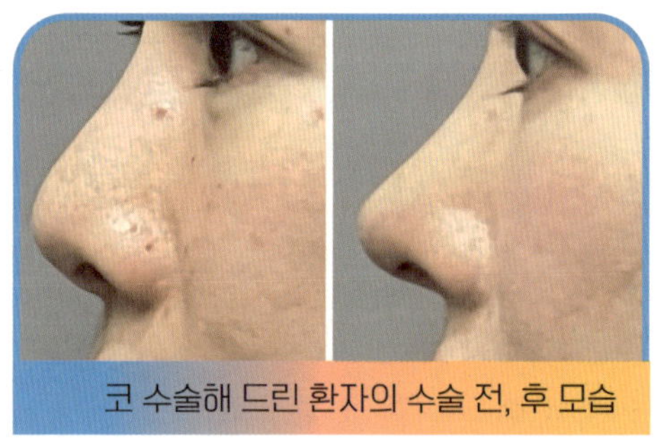

코 수술해 드린 환자의 수술 전, 후 모습

나 매력적인 모습으로 자신을 표현하고 싶은 마음은
같으니까요.

· 유방 재건 및 성형 분야

　유방암 수술로 가슴을 절제한 환자나, 가슴 모양이
비대칭이거나 너무 크거나 혹은 너무 작은 사람들에게
자연스러운 모양과 기능을 되찾아주는 수술이에요. 예
를 들어 유방암에 걸리게 되면 유방을 제거하는 수술
을 하게 되는데, 이 과정으로 가슴이 변형되고 작아지
게 돼요. 가슴은 여성성의 상징적인 의미를 지니고 있
기 때문에, 이러한 변화는 여성으로서의 자존감을 낮
추는 원인이 돼요. 그래서 반드시 재건이 필요하죠.

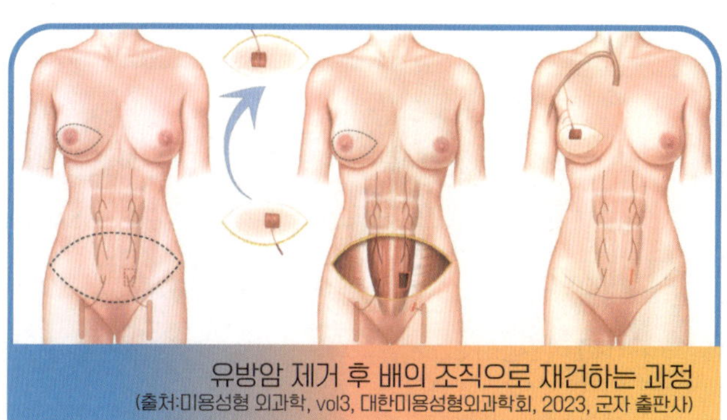

유방암 제거 후 배의 조직으로 재건하는 과정
(출처:미용성형 외과학, vol3, 대한미용성형외과학회, 2023, 군자 출판사)

·종양 제거 및 재건

얼굴에 피부암이 생기면, 우선 암 조직을 제거해야 합니다. 그런데 종양의 크기가 너무 커서 피부를 넓게 절제해야 할 때는, 단순히 제거만으로 끝나지 않아요. 그 부위를 다시 메우고 복원하는 '재건 과정'이 필요하죠. 이처럼 암 치료에도 성형외과가 중요한 역할을 합니다.

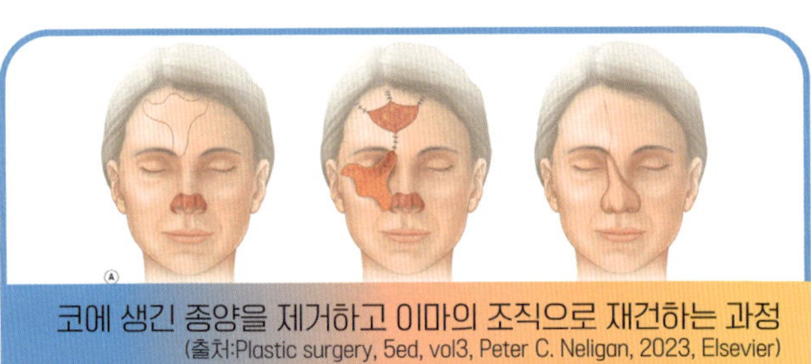

코에 생긴 종양을 제거하고 이마의 조직으로 재건하는 과정
(출처:Plastic surgery, 5ed, vol3, Peter C. Neligan, 2023, Elsevier)

·수부 재건

손은 일상생활에서 가장 많이 사용하는 부위 중 하나이기 때문에, 손가락을 다치거나 힘줄, 신경, 뼈가 손상되었을 때 그 기능을 되살리는 게 정말 중요해요. 손가락이 절단된 경우, 다시 붙이는 '접합 수술'도 성형외과에서 다루는 분야예요. 단순히 생명을 유지하는

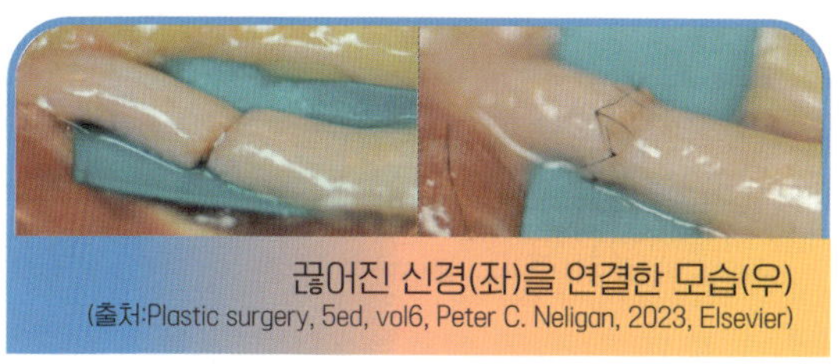

끊어진 신경(좌)을 연결한 모습(우)
(출처:Plastic surgery, 5ed, vol6, Peter C. Neligan, 2023, Elsevier)

데 그치는 것이 아니라, 다시 움직이고 감각을 느낄 수 있도록 복원하는 게 목표예요.

·선천기형 분야

선천기형은 태어날 때부터 신체 일부가 정상적으로 형성되지 않은 상태를 말해요. 아기의 몸이 자궁 속에서 자라는 과정에서, 다양한 원인으로 인해 특정 부위의 발달이 완전히 이루어지지 않거나, 예상과 다른 모양으로 태어나는 거죠. 예를 들어, 어떤 아기들은 입술이나 입천장이 갈라져 있고, 손가락이 붙어 있거나, 귀가 제대로 형성되지 않은 채 태어나기

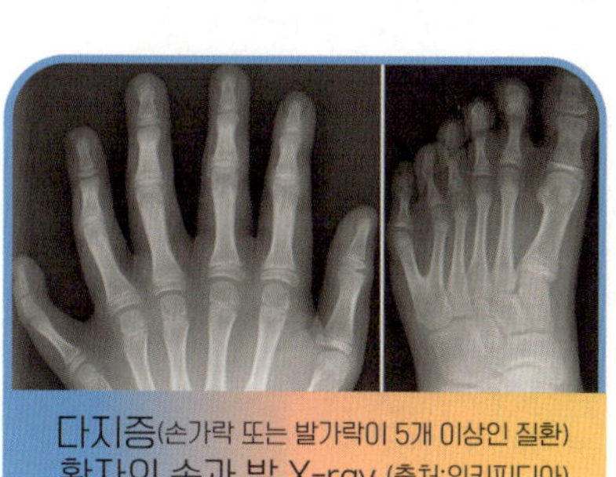

다지증(손가락 또는 발가락이 5개 이상인 질환) 환자의 손과 발 X-ray (출처:위키피디아)

도 해요. 이런 경우, 아이가 성장하면서 더욱 건강하고 정상적인 삶을 살아갈 수 있도록, 형태와 기능을 복원해 주는 수술을 하게 돼요.

· 기타

흉터, 화상, 욕창 치료 같은 것도 성형외과에서 하는 일이에요. 화상을 입으면 상처를 잘 아물게 하고 피부를 회복시키기 위해 성형외과에서 치료해요. 그리고 큰 수술을 받거나 화상 자국이 남으면, 보기 싫은 것뿐만 아니라 피부가 당기고 움직이기 불편해질 수 있어요. 그런 흉터를 줄여 주거나 피부를 다시 덮어 주는 수술도 성형외과에서 하죠. 욕창은 오랫동안 누워만 있는 환자에게 생기는 피부 궤양인데, 이런 상처를 치료하는 것도 성형외과의 역할이에요.

성형외과 관련 직업들이 궁금해요

편 성형외과 관련 직업들이 궁금해요

류 성형외과는 여러 분야의 직업인이 협력해서 하나의 팀처럼 움직여야 해요. 마치 잘 짜인 오케스트라처럼, 각자의 역할과 조화가 중요하죠.

가장 중심이 되는 사람은 바로 '성형외과 전문의', 즉 성형외과 의사예요. 수술을 계획하고 직접 집도하며, 환자의 상태를 정확히 파악해서 '어떻게 바꾸면 가장 조화롭고 미적으로 우수하게 만들 수 있을까?'를 고민해요. 이런 고민을 매 순간 하게 되죠. 그래서 수술 실력뿐 아니라 미적인 감각, 환자의 마음을 이해하는 공감 능력도 필요해요.

또 빼놓을 수 없는 중요한 분들이 바로 '수술실 간호사' 선생님들이에요. 성형외과에서 하는 미세수술은 아주 작은 신경이나 혈관들을 연결해야 하고, 어린 아기를 수술하는 경우도 많아요. 이때는 정말 미세한 차이도 용납되지 않기 때문에 숙련된 담당 간호사의 도움이 꼭 필요해요.

그리고 성형외과는 다른 과 의사 선생님들과 긴밀하게 협력해야 해요. 예를 들어, 일반외과 의사가 유방암을 제거한 뒤에는 성형외과 의사가 유방 재건 수술을 이어서 진행해요.

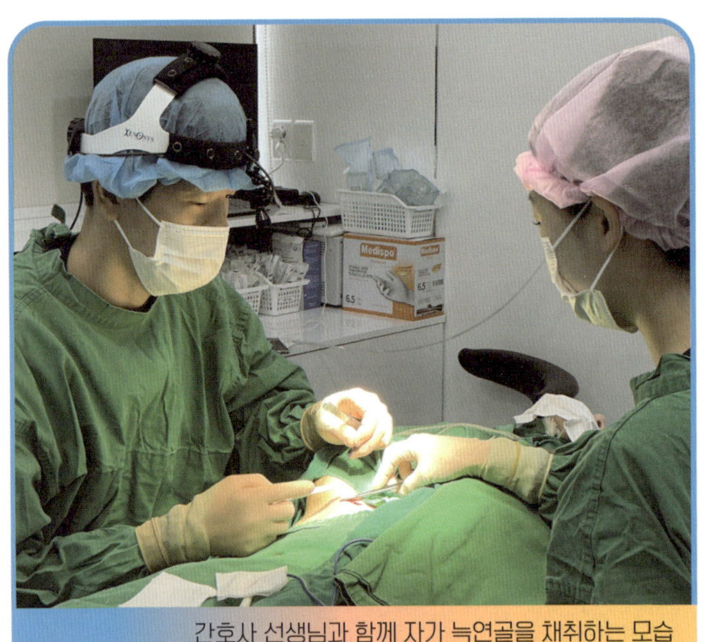

간호사 선생님과 함께 자가 늑연골을 채취하는 모습

어떤 환자는 정형외과 수술을 받고 나서 피부나 살이 부족한 부분이 생기면, 성형외과에서 그 부위를 복원하기도 하고요. 또 이비인후과 선생님들이 얼굴이나 목의 암을 제거했을 때, 그 부위를 재건하는 일도 성형외과의 역할이에요.

개인병원에서도 중요한 역할을 맡고 있는 분들이 있어요. 바로 '성형외과 코디네이터'와 '상담실장님'들이에요. 병원을 처음 찾은 환자들은 낯설고, 긴장하기도 하고, 궁금한 것도 많잖아요. 이럴 때 코디네이터나 상담실장님이 환자와 마주 앉아 친절하게 이야기를 나누며, 부드럽고 편안한 분위기를 만들어 줘요. 이런 분위기에서는 환자도 자신의 진짜 고민을 솔직하게 털어놓을 수 있게 되거든요. 그렇게 환자의 이야기를 잘 들은 뒤, 원장님과의 진료로 이어지게 도와줘요. 환자로서는 긴장을 덜고 더욱 편하게 이야기할 기회가 되는 거예요.

우리나라 성형외과 수준은
어느 정도인가요?

편 우리나라 성형외과 수준은 어느 정도인가요?

류 한국의 성형외과 수준은 세계에서도 손꼽힐 만큼 높은 수준이에요. 단순히 기술만 뛰어난 게 아니라, 정교한 손기술, 빠른 회복, 자연스러운 결과, 환자를 세심하게 돌보는 태도, 그리고 잘 갖춰진 병원 시스템까지 모두 인정받고 있거든요. 그래서 실제로 해외에서도 많은 사람이 성형수술을 받기 위해 한국을 찾아와요. 중국, 대만, 태국, 일본 등 여러 나라에서 일부러 비행기를 타고 오는 경우도 많아요. 수술 전 상담부터 수술 후 회복까지 체계적으로 관리해 주는 한국 의료 시스템이 외국 환자들에게는 큰 장점이거든요. 그래서 요즘은 성형수술을 받고, 한국 관광도 함께 즐기는 '메디컬 관광(의료 관광)'이라는 특별한 여행 상품도 생겨났어요.

성형외과 의료 장비와 기술의 발달은 어떤가요?

편 성형외과 의료 장비와 기술의 발달은 어떤가요?

류 의외일 수 있지만, 성형외과는 첨단 장비에 많이 의존하는 분야는 아닙니다. 제가 성형외과를 선택한 이유 중 하나도, 비교적 단순한 기구 몇 가지만으로도 매우 다양한 수술을 할 수 있기 때문이에요.

실제로 쌍꺼풀 수술은 기본 기구 3~4개 정도면 충분하고, 안면거상 같은 큰 수술도 기본적인 수술용 집게와 가위만으로 가능해요. 대학병원에서 하는 미세수술에서도 가장 중요한 것은 첨단 장비가 아니라, 결국 의사의 '눈'과 '손기술'이에요. 현미경으로 혈관과 신경을 확대해서 직접 이어주는 미세수술이기 때문에 아직은 로봇이나 자동화 장비로 대체하기 어려운 부분이 많아요. 그래서 성형외과는 첨단 장비보다는 의사의 숙련도와 경험, 섬세한 손기술에 크게 의존하는 분야라고 할 수 있어요.

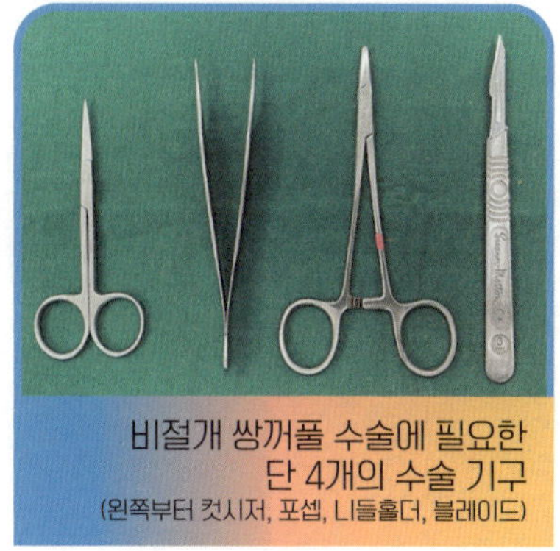

비절개 쌍꺼풀 수술에 필요한 단 4개의 수술 기구
(왼쪽부터 컷시저, 포셉, 니들홀더, 블레이드)

성형외과는 인공지능의 발달로
어떻게 변할까요?

편 성형외과는 인공지능의 발달로 어떻게 변할까요? 의사라는 직업이 로봇으로 대체될 수 있을까요?

류 요즘 인공지능AI이 빠르게 발전하면서, "앞으로 의사도 AI가 대신하는 거 아니야?"하고 궁금해하는 친구들도 있을 거예요. 실제로 AI는 성형외과에서도 여러 가지로 도움을 주고 있어요. 예를 들어, 얼굴을 정밀하게 분석하거나, 수술 결과를 미리 시뮬레이션해 볼 수 있죠.

하지만 그렇다고 해서 성형외과 의사의 역할을 완전히 대신할 수는 없어요. 왜 그럴까요? 성형외과는 단순히 '얼굴을 바꾸는 기술'이 아니라, 사람을 이해하고, 그 사람만의 아름다움을 찾아주는 감각과 공감이 필요한 의학이기 때문이에요.

같은 코 수술이라도, 어떤 사람은 강한 인상을 원하고, 어떤 사람은 부드러운 분위기를 원할 수 있어요. 이럴 때 중요한 건 단순한 얼굴 분석이 아니라, 그 사람이 어떤 성격을 가졌는지, 어떤 분위기와 삶의 방식을 추구하는지 읽어내는 능력이에요.

　이런 감각과 공감력, 직관은 AI가 쉽게 따라 할 수 있는 게 아니에요. AI는 성형외과 의사에게 훌륭한 도구가 되어 줄 수는 있지만, 누군가의 얼굴을 바꾸고, 그 마음까지 치유하는 일은 결국 사람만이 할 수 있는 일이거든요.

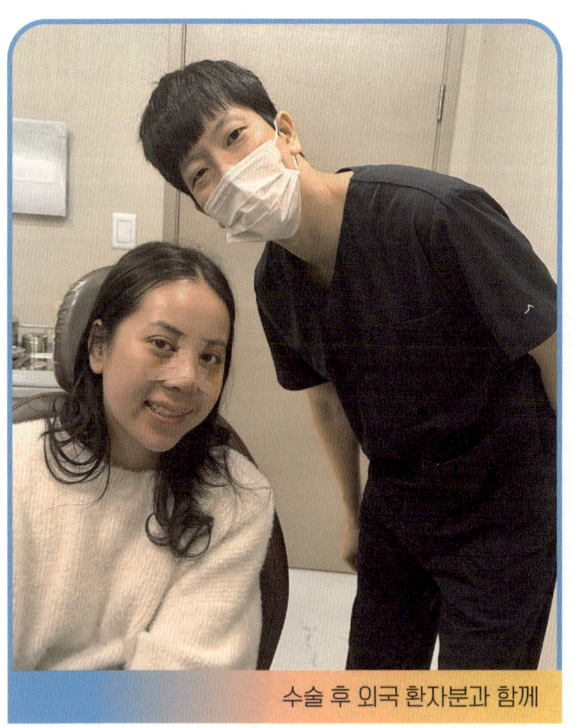

수술 후 외국 환자분과 함께

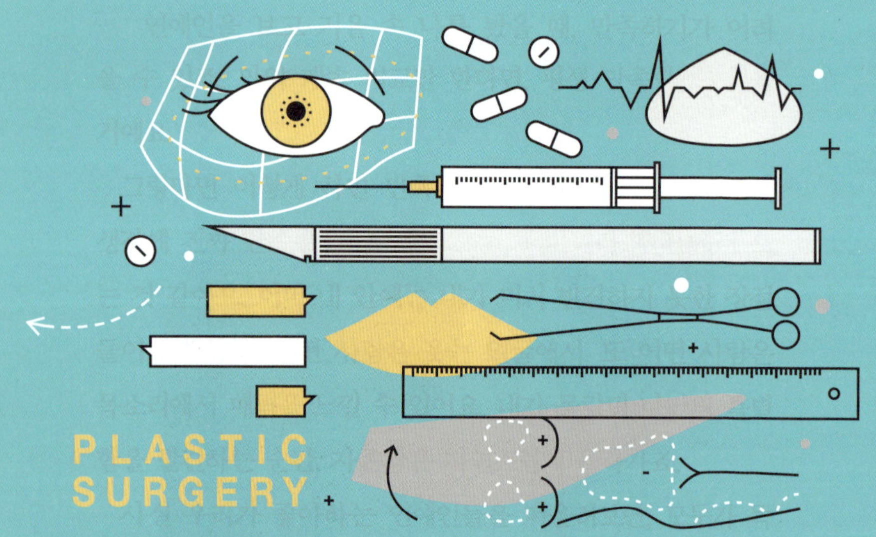

PLASTIC
SURGERY

성형외과
의사의 세계

성형외과 의사는 어떤 업무를 하나요?

 성형외과 의사는 어떤 업무를 어떻게 하나요?

 제가 일하는 개인병원을 예로 들어 설명해 볼게요. 외모에 변화를 주고 싶거나 예전에 받은 수술이 마음에 들지 않아 다시 수술을 고민하는 분들이 병원에 옵니다. 요즘은 병원도 워낙 많아서, 어떤 병원을 선택해야 할지 고민하는 분들도 많죠. 병원에 오면, 저는 먼저 환자분의 현재 상태를 꼼꼼히 살펴봐요. 눈이나 코 같은 부위에서 어떤 점을 개선하면 좋을지, 또 어떤 모습이 그 사람에게 가장 잘 어울릴지를 함께 이야기하죠. "어떤 모습이 가장 조화로울까?", "이 부분은 어떻게 바꾸면 더 자연스럽고 매력적일까?", "단점을 어떻게 보완할 수 있을까?" 등 여러 가지 질문을 던지며 충분한 상담을 진행해요.

그다음에는 원하는 결과를 만들기 위해 어떤 수술이 필요한지 계획을 세워요. 경우에 따라 CT 같은 영상 검사를 통해 더 정확하게 분석하기도 하고요. 모든 준비가 끝나면 수술을 진행하게 됩니다. 저는 항상 '내 가족을 수술한다'라는 마음으로 최선을 다해요. 그게 바로 의사의 사명이라고 생각하거든요. 수술이 끝나고 퇴원하면, 정해진 날짜에 다시 병

CT를 보면서 환자에게 현재 상태를 설명하는 모습

원에 와서 회복이 잘 되고 있는지 확인하고, 상처가 잘 아물 수 있도록 치료도 도와드려요. 그리고 마지막까지, 수술 결과가 잘 유지되고 있는지, 불편한 점은 없는지, 꾸준히 경과를 보며 지켜봐야 해요. 성형수술은 단순히 수술만 하고 끝나는 게 아니에요. 환자를 끝까지 책임지는 것, 그게 바로 성형외과 의사의 중요한 역할이에요.

이 직업의 경쟁은 어떤가요?

편 이 직업의 경쟁은 어떤가요?

류 매우 치열한 편이에요. 인턴 과정을 마친 의사는 각자 원하는 과를 선택해서 지원하게 되는데, 그때 성형외과는 인기가 많은 편이에요. 지원자에 비해 뽑는 인원이 적기 때문이죠.

매년 전국적으로 약 3천 명 정도의 전문의 자리가 생기지만, 그중 성형외과는 약 70명 정도만 뽑아요. 그러다 보니 경쟁률이 높아서 진입 자체가 쉽지 않죠.

그리고 성형외과 의사가 되었다고 해서 경쟁이 끝나는 건 아니에요. 미용 수술 분야는 대부분의 환자들이 아파서 오는 게 아니라, 건강한 상태에서도 외모의 변화를 원해서 찾아오는 곳이기 때문에 환자가 직접 병원을 선택하게 되죠.

이런 환경에서는 의사의 지식과 실력뿐만 아니라, 환자와 얼마나 잘 소통하는지, 얼마나 신뢰를 주는지, 그리고 섬세하고, 꼼꼼한 결과를 만들어내는지까지 모든 면에서 끊임없이 노력해야 해요. 게다가 요즘은 경쟁이 너무 치열하다 보니, 지나치게 낮은 진료비, 무리한 수술 권유, 너무 어린 나이인데 성형을 권하는 등의 바람직하지 않은 문제들도 생기곤 해요.

구분	모집정원(명)	지원(명)	지원율(%)	확보(명)	확보율(%)
총합계	3,356	3,588	106.9	2,792	83.2
영상의학과	158	224	141.8	158	100.0
안과	106	183	172.6	106	100.0
피부과	72	103	143.1	72	100.0
성형외과	73	121	165.8	73	100.0
이비인후과	105	148	141	105	100.0
정형외과	211	318	150.7	210	99.5
신경외과	106	140	132.1	105	99.1
마취통증의학과	212	307	144.8	210	99.1
재활의학과	102	162	158.8	101	99.0
정신건강의학과	142	254	178.9	140	98.6
직업환경의학과	35	36	102.9	34	97.1
비뇨의학과	64	78	121.9	62	96.9
신경과	110	118	107.3	106	96.4
내과	622	657	105.6	593	95.3
진단검사의학과	41	41	100	35	85.4
외과	200	163	81.5	161	80.5
응급의학과	193	152	78.8	148	76.7
산부인과	183	122	66.7	116	63.4
병리과	70	42	60	42	60.0
가정의학과	230	114	49.6	113	49.1
방사선종양학과	25	13	52	12	48.0
심장혈관흉부외과	63	24	38.1	24	38.1
소아청소년과	206	53	25.7	54	26.2
핵의학과	27	10	37	7	25.9
결핵과	0	0	0	0	0
예방의학과	0	5	-	5	-

전국 레지던트 모집 선발 결과 (출처:보건복지부)

저도 진료를 하면서 이런 문제로 힘들어하는 분들을 종종 보게 되고요.

그래서 이 직업은 단순히 멋있어 보여서 선택하기에는 적합하지 않다고 생각해요. 정말로 이 일을 좋아하고, 끝까지 책임지고 싶은 마음이 있어야 흔들리지 않고 할 수 있는 일이에요. 물론 쉽지는 않지만, 그만큼 그 안에서 얻는 보람과 성취감도 정말 크답니다.

이 직업은 한국에서 언제 생겼나요?

편 이 직업은 한국에서 언제 생겼나요?

류 한국에서 성형외과라는 개념이 본격적으로 자리 잡기 시작한 것은 광복 이후부터예요. 1945년 광복을 전후해서는 '성형외과'라는 말조차 낯설었고, 관련된 수술이나 진료도 거의 없었어요. 그런데 한국전쟁이 일어나면서 미군 군의관이나 해외 의료진이 구개열(선천적으로 입천장이 뚫려 코와 입이 통하는 것) 수술이나, 화상 환자를 위한 재건 수술을 시행하면서 국내에서도 성형외과의 필요성이 조금씩 인식되기 시작했어요. 그리고 해외에서 유학하고 돌아온 의사들이 성형외과의 중요

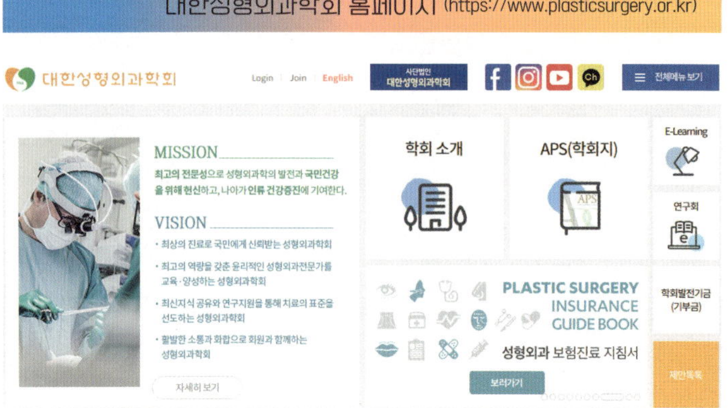

성을 알리면서, 전문적인 진료 기반도 만들어졌죠. 그러던 중, 1961년 미국에서 성형외과를 전공한 한 의사가 한국에서 처음으로 성형외과 전문 진료와 교육을 시작했어요.

그 후 성형외과에 대한 관심이 학문적으로도 높아졌고, 1966년에는 '대한성형외과학회'가 창립되면서, 성형외과가 독립된 전문 분야로 인정받게 되었어요.

대학병원과 개인병원 진료는 차이가 있나요?

편 대학병원과 개인병원 진료는 어떤 차이가 있나요?

류 대학병원과 개인병원은 진료의 성격과 역할에서 조금 달라요. 대학병원은 주로 재건 수술이나 외상 치료처럼 꼭 필요한 의료 중심의 진료를 해요. 예를 들어, 교통사고나 화상으로 손상된 피부와 조직을 복원하는 수술, 종양(암) 수술 이후 생긴 결손 부위를 재건하는 수술, 선천성 기형 수술이나 안면 골절 같은 외상 수술 등 기능을 회복하기 위한 진료이죠. 이런 수술은 여러 진료과가 함께 협력해야 할 때가 많아서 주로 대학병원에서 이루어져요.

반면 개인병원은 미용 목적의 수술을 중심으로 진료가 이루어져요. 예를 들어, 눈, 코 성형수술 등 외모 개선이나 콤플렉스 해소를 위한 환자의 만족도에 중점을 두는 진료를 해요. 그런데, 요즘은 예전에 수술한 결과가 만족스럽지 않은 사람들을 위한 재건에 가까운 수술을 개인병원에서도 자주 하고 있어요.

정리하면, 대학병원은 '의학적으로 꼭 필요한 치료' 중심이고, 개인병원은 '환자의 선택에 따른 외모 개선' 중심이지만, 두 병원 모두 성형외과에서 아주 중요한 역할을 하고 있어요.

성형외과 의사도 사람의 생명을 살리나요?

편 성형외과 의사도 사람의 생명을 살리나요?

류 성형외과는 생명을 직접 다루는 과처럼 보이진 않지만, 생명과 깊이 연결된 과예요. 예를 들어 큰 교통사고나 화상으로 얼굴이나 신체를 심하게 다친 중증외상 환자의 생사를 결정짓는 응급수술 순간, 성형외과 의사도 같이 참여하죠.

저도 대학병원에서 근무할 때, 권역 외상 센터에서 수많은 응급 환자들을 치료했어요. 교통사고로 얼굴 뼈가 심하게 부러진 환자, 손가락이 절단된 환자 등 다양한 응급 상황이 있었죠.

이런 중증외상 환자의 응급수술은 성형외과뿐 아니라 정형외과, 흉부외과, 일반외과 등 여러 과가 한 팀이 되어 수술에 참여해요. 환자가 '골든타임'을 놓치면 생명까지 위험할 수 있기 때문에, 빠르고 정확한 판단과 수술이 정말 중요해요.

또한, 성형외과는 피부암도 치료하는 과예요. 겉보기에는 검버섯처럼 보였던 점이 피부 깊숙이 퍼진 피부암이었다면, 암을 제거하고 생긴 조직의 결손 부위를 복원하는 수술도 성형외과에서 하게 되죠.

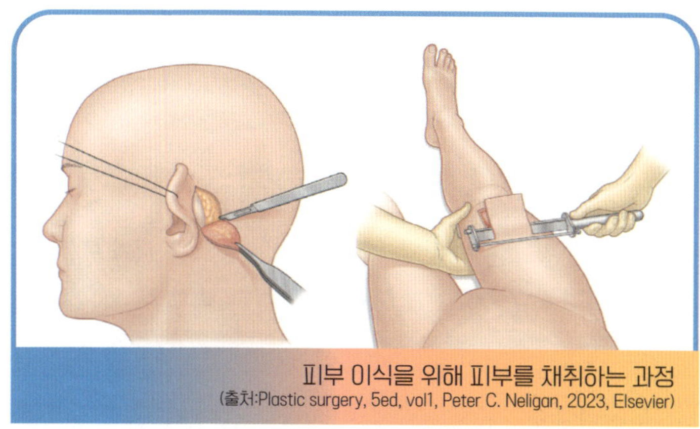

피부 이식을 위해 피부를 채취하는 과정
(출처:Plastic surgery, 5ed, vol1, Peter C. Neligan, 2023, Elsevier)

결국 성형외과는 단순히 겉모습을 바꾸는 과가 아니에요. 생명을 지키고, 환자가 다시 살아갈 힘을 되찾을 수 있도록 도와주며, 삶의 질을 회복시키는 아주 중요한 역할을 하는 과예요.

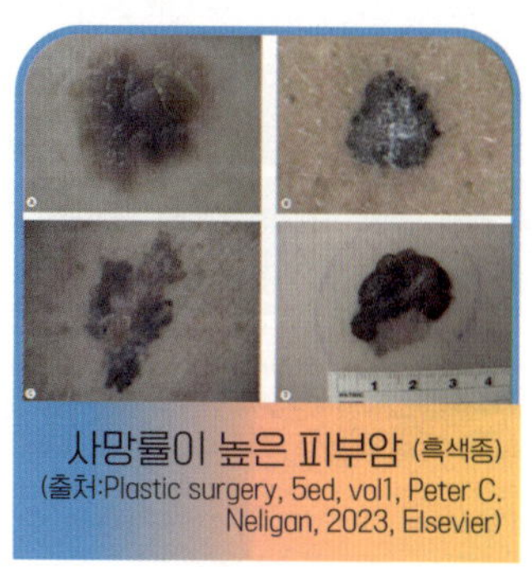

사망률이 높은 피부암 (흑색종)
(출처:Plastic surgery, 5ed, vol1, Peter C. Neligan, 2023, Elsevier)

전문성을 높이기 위해
특별히 노력하는 게 있나요?

편 전문성을 높이기 위해 특별히 노력하는 게 있나요?

류 제가 전문성을 높이기 위해 가장 중요하게 생각하는 건, 수술 실력이 어느 정도 자리를 잡았다고 해도 항상 배움의 자세를 잃지 않는 거예요. 수술이 끝났다고 해서 그걸로 끝난 게 아니에요. 저는 그 수술 과정을 되짚어 다시 떠올려 보고, 더 나은 방법은 없었을지 복기하면서 고민해요. 그렇게 하나하나 돌아보는 과정을 통해서 더 발전할 수 있고, 더 좋은 결과를 만들 수 있거든요.

그리고 저는 특히 진료할 때, 환자의 처지에서 생각하려고 노력해요. '이 환자가 정말로 원하는 건 무엇일까?', '내가 제안하는 방향이 과연 이 환자에게 가장 좋은 선택일까?' 이런 질문을 스스로에게 던지다 보면, 자연스럽게 더 섬세하고 책임감 있는 진료로 이어지게 되더라고요. 성형외과는 사람의 얼굴과 몸을 다루는 일이기 때문에, 항상 겸손하고 신중한 판단이 필요해요.

또, 성형외과 학회 활동도 활발하게 하고 있어요. 눈 성형학회, 코 성형학회, 미용성형학회, 두개안면학회 등 다양한 학

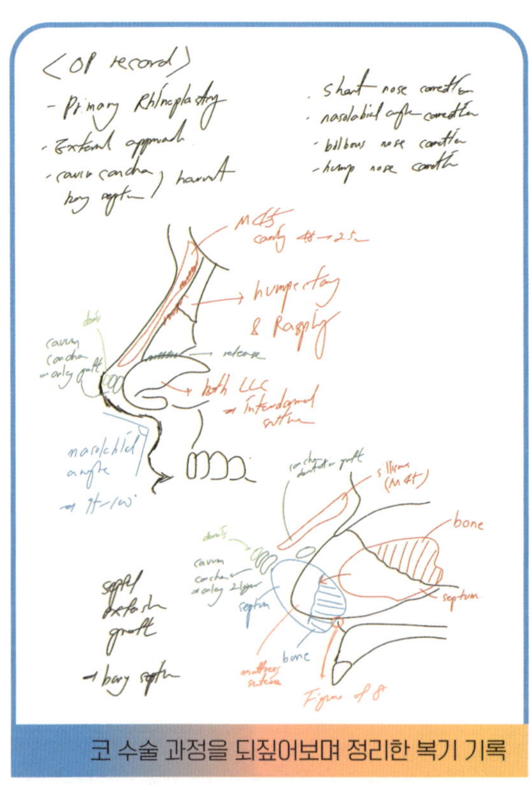

코 수술 과정을 되짚어보며 정리한 복기 기록

수많은 학회를 다니며 받은 명찰들

회가 열리는데, 저는 시간이 날 때마다 참석해서 다른 선생님들과 경험과 고민을 나누고 함께 배우고 있어요. 서로의 생각과 비결을 공유하면서 정말 많은 걸 배우거든요.

이런 노력은 저에게 당연한 과정이에요. 환자에게 더 좋은 결과를 드리기 위해서라면 끊임없이 고민하고, 배우고, 계속 발전해야한다고 생각하니까요.

우리나라와 외국 성형외과 의사의
차이가 있나요?

편 우리나라와 외국 성형외과 의사의 차이가 있나요?

류 우리나라와 외국 성형외과 의사는 '미용 수술'에서 다루는 분야가 조금 달라요. 예를 들면, 서양 사람들은 본래 코가 높고 쌍꺼풀이 뚜렷해서 우리나라처럼 쌍꺼풀 수술이나 코를 높이는 수술이 많지 않아요. 하지만 서양인들은 콧등이 튀어나온 매부리코가 많은 편이라, 이를 교정하는 코 수술을 많이 하죠.

또 다른 점은, 서양에서는 안면거상술을 많이 해요. 안면거상술은 처진 얼굴 피부를 당겨주는 수술인데, 외국에서는 이 수술이 자연스럽고 대중적으로 받아들여지고 있어요. 그리고 서양에서는 비만 인구가 많은 편이라, 복부 성형이나 지방흡입처럼 체형과 관련된 수술도 자주 이루어져요.

반면에 한국을 포함한 아시아권에서는 눈과 코의 구조가 서양인과 달라서 쌍꺼풀 수술이나 코 성형수술에 대한 관심이 높고, 실제로 이런 수술을 많이 하죠. 그런데 정말 중요한 차이는 한국은 수술 기술뿐만이 아니라 작은 차이까지 섬세하게 표현하는 결과를 중요하게 여겨요. 그래서 저를 포함한

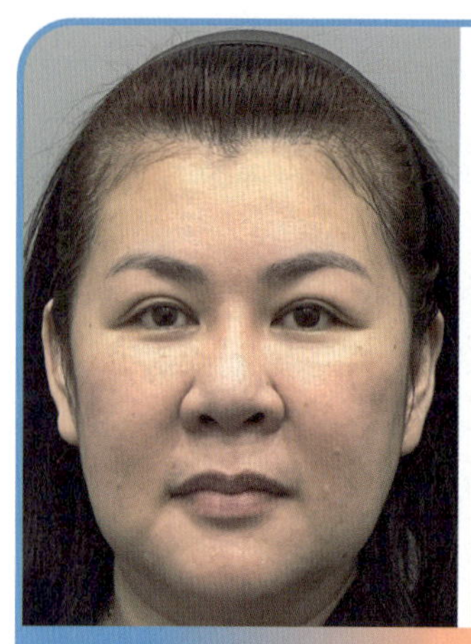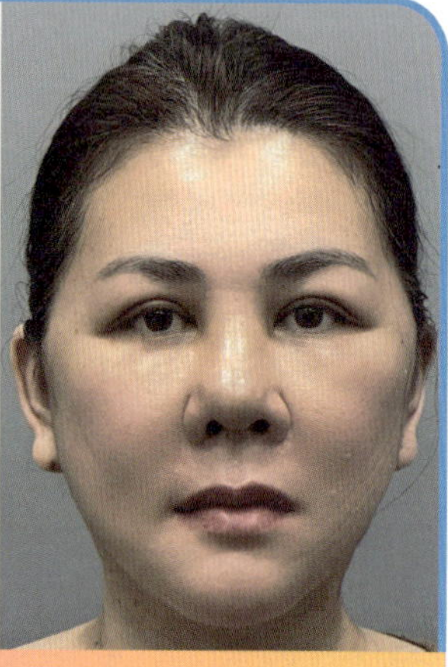

많은 의사들이 더 섬세하고 정교한 수술을 추구하고 있어요. 바로 이런 점이 우리나라 성형외과가 세계적으로 앞서 있는 강점이자 자부심이라고 생각해요.

우리나라 성형외과 의사 수는
어느 정도일까요?

편 우리나라 성형외과 의사 수는 어느 정도일까요?

류 우리나라 성형외과 전문의 수는 다른 과에 비해 비교적 적은 편이에요. 현재 보건복지부에 등록된 성형외과 전문의는 약 2,800명 정도예요. 매년 전체 의사 중 전문의로 배출되는 인원은 약 3,300명 정도인데, 그중 성형외과는 약 2% 정도만 차지하고 있어요. 그래서 성형외과 전문의는 수 자체도 많지 않고, 그만큼 전문성과 책임감이 매우 중요한 분야예요.

또한 내가 찾은 병원의 의사가 진짜 성형외과 전문의인지 확인할 수도 있어요. 대한성형외과의사회 홈페이지(https://www.prskorea.co.kr)에 들어가면, 보건복지부가 인증한 성형외과 전문의 정보를 직접 검색해 볼 수 있어요. 이처럼 의사의 자격과 전문성을 꼼꼼히 확인하는 것도, 성형수술을 고민할 때 매우 중요한 첫걸음이에요.

성형외과 의사의 일과를 알려주세요

편 성형외과 의사의 일과를 알려주세요.

류 먼저 두 아이의 아빠이자 성형외과 전문의로서 살아가는 저의 하루 일과를 소개해 볼게요.

7:00~7:10	기상
7:10~8:10	아이들과 놀아주기
8:10~9:00	아이들 등원 준비 및 등원
9:00~9:50	출근 준비 및 출근
9:50~10:00	당일 수술 스케줄(schedule) 확인
10:00~10:30	환자 상담 및 수술한 환자 치료
10:30~13:30	첫 번째 수술 진행
13:30~14:30	점심 식사
14:30~15:00	환자 상담 및 수술한 환자 치료
15:00~18:00	두 번째 수술 진행
18:00~19:00	환자 상담 및 수술 예정 환자 확인
19:00~20:00	퇴근 및 귀가
20:00~21:30	저녁 식사 후 아이들과 놀아주기
21:30~22:00	아이들 재우기
22:00~24:00	개인 시간 및 아내와 대화

타임테이블만 봐도 알 수 있듯이, 성형외과 의사의 하루는 생각보다 바쁘게 지나가요. 저는 전날 퇴근하기 전에 다음 날 수술할 환자를 미리 확인하고, 당일 출근 후 10시에 다시 한 번 계획을 꼼꼼히 점검해요. 수술 환자와 직접 만나 수술 부위를 디자인하고, 세부적인 수술 계획을 함께 조율하죠.

그리고 처음 병원에 온 환자들과 상담을 해요. 환자가 어떤 부분이 고민인지, 어떻게 개선하고 싶은지, 이야기를 들어주고, 그에 맞는 해결 방법을 함께 찾아가는 시간을 가져요. 또 이미 수술받은 환자들의 회복 상태 확인도 중요한 일과 중 하나예요.

그리고 나면 본격적인 수술 시간, 수술에 집중하다 보면 시간이 금방 지나가요. 오후에도 다시 상담과 치료, 수술이 이어지죠. 이렇게 하루 종일 진료와 수술을 반복하다 보면, 어느덧 저녁 7시, 퇴근 시간이 다가와요.

집에 가서도 아빠로서 아이들과 놀아주고, 가족과 하루를 마무리해요. 어떻게 보면 정말 바쁘게 흘러가는 하루죠. 하지만 환자 한 명, 한 명을 위한 진료와 수술, 그리고 가족과 보내는 시간 모두가 저에게는 소중한 하루의 일부예요.

이 직업의 가장 큰 매력은 무엇인가요?

편 이 직업의 가장 큰 매력은 무엇인가요?

류 제가 생각하는 이 직업의 가장 큰 매력은 환자가 수술 후에 행복해하는 모습을 가까이서 볼 수 있다는 것이에요. 만족스러운 수술 결과를 통해 자신감을 찾고, 삶을 더 긍정적으로 살아가는 모습을 보면서, 저 역시 그 기쁨과 감동을 함께 느껴요. 누군가의 삶을 더 긍정적으로, 더 당당하게 만들어줄 수 있다는 건 정말 감사한 일이죠.

실제로 환자들에게 "요즘 인생이 즐거워요", "저에게도 이런 날이 오네요", "이제 거울을 보는 게 즐거워요", "사람들 앞에 서는 게 더 이상 무섭지 않아요", 이런 말들을 들을 때면, '내가 누군가의 삶을 조금 더 따뜻하게 바꿔줄 수 있었구나' 하는 생각에 가슴이 뭉클해지고, 깊은 감동이 밀려와요. 어떤 분은 진심을 담은 손편지를 주시기도 해요. 그런 편지는 정말 오래도록 마음에 남아요. 그래서 저는 이 일이 단순히 겉모습을 바꾸는 수술이 아니라, 누군가의 삶 전체에 긍정적인 변화를 만들어주는 일이라고 생각해요. 그게 바로 성형외과 의사로서 느끼는 가장 큰 매력이에요.

일을 그만두고 싶었던 적이 있나요?

편 일을 그만두고 싶었던 적이 있나요?

류 솔직히 말하면, 힘든 순간은 정말 많았어요. 하지만 '일을 그만두고 싶다'고까지 생각한 적은 없었던 것 같아요. 그만큼 이 일이 저에게는 단순한 직업을 넘어서, 삶의 의미처럼 다가오기 때문이에요. 가장 힘들었던 시기를 꼽으라면, 단연 전공의 1년 차 시절이었어요. 아무것도 모른 채 매일매일 부딪히며 배우던 그 시기엔, 정말 드라마 제목처럼 '슬기로울 전공의 생활'이라는 말이 더 잘 어울렸죠.

그중에서도 가장 기억에 남는 건 '100일 당직'이에요. 말그대로 100일 동안 집에 가지 못하고 병원에서 당직 근무를 하는 거예요. 그 석 달이 넘는 기간 동안 낮에는 병동과 외래, 밤에는 권역외상센터 응급실에서 환자들을 돌봤어요. 하루에도 수많은 열상 환자를 봉합했죠. 아직도 잊지 못하는 환자가 있어요. 손가락이 절단된 환자였는데, 절단 부위를 이어주는 수술을 하고 나면, 48시간 동안 한 시간 간격으로 손가락의 혈류가 잘 유지되는지 확인해야 해요. 조금이라도 이상이 생기면 즉시 응급수술을 해야 하는 상황이었죠. 저는 이틀 동안 거의 잠도 못 자고 환자 곁에서 계속 손가락 상태

새벽 3-4시쯤 응급실에서 환자 차팅(기록)하는 모습

를 체크하며 지켜봤어요. 그 환자는 무사히 퇴원했고, 며칠 뒤 찾아와 잘 붙은 손가락으로 제 손을 꼭 잡으며 "선생님, 정말 감사합니다."라는 말을 건넸어요. 그 말을 들은 순간, 모든 피로와 힘듦이 눈 녹듯이 사라졌어요. 지금도 그 순간을 잊지 못해요.

성형외과 의사는 분명히 힘든 직업이에요. 하지만 저는 이 일을 내려놓고 싶다고 생각해 본 적은 없어요. 왜냐하면, 어딘가에는 제가 꼭 필요한 사람들이 있기 때문이에요.

직업병이 있나요?

 직업병이 있나요?

 성형외과 의사로 오래 일하다 보면 전형적인 직업병 몇 가지가 생겨요.

첫 번째는 사람의 얼굴을 습관처럼 분석하게 돼요. 길을 걷다가도, TV를 보다가도, 친구 얼굴을 보면서도 무의식중에 '이 얼굴에는 어떤 라인이 잘 어울릴까?', '왜 이 연예인은 예뻐 보일까?' 이렇게 얼굴 구조나 비율을 분석하고 있는 거죠.

두 번째는 정말 사소한 차이에도 집착해요. 예를 들면 '눈꼬리를 1mm만 더 올릴까?', '코끝을 0.5mm만 더 다듬을까?' 같은 고민을 하루에도 수없이 해요. 완전히 직업병이죠.

환자분들은 그런 미세한 차이를 느끼지 못할 수도 있어요. 그런데 혼자서 그 미세한 차이에 치열하게 고민하는 게, 어떻게 보면 제 스스로의 만족일 수도 있어요. 하지만 저는 늘 120%의 결과를 만들기 위해 정말 작은 디테일까지도 놓치지 않으려고 해요. 왜냐하면 그 사람이 가장 자연스럽고 조화로운 모습으로 자신 있게 살아가기를 바라는 마음이 크거든요. 결국엔 이런 직업병이 저를 더 꼼꼼하게, 더 책임감 있게 만드는 힘이 되는 것 같아요.

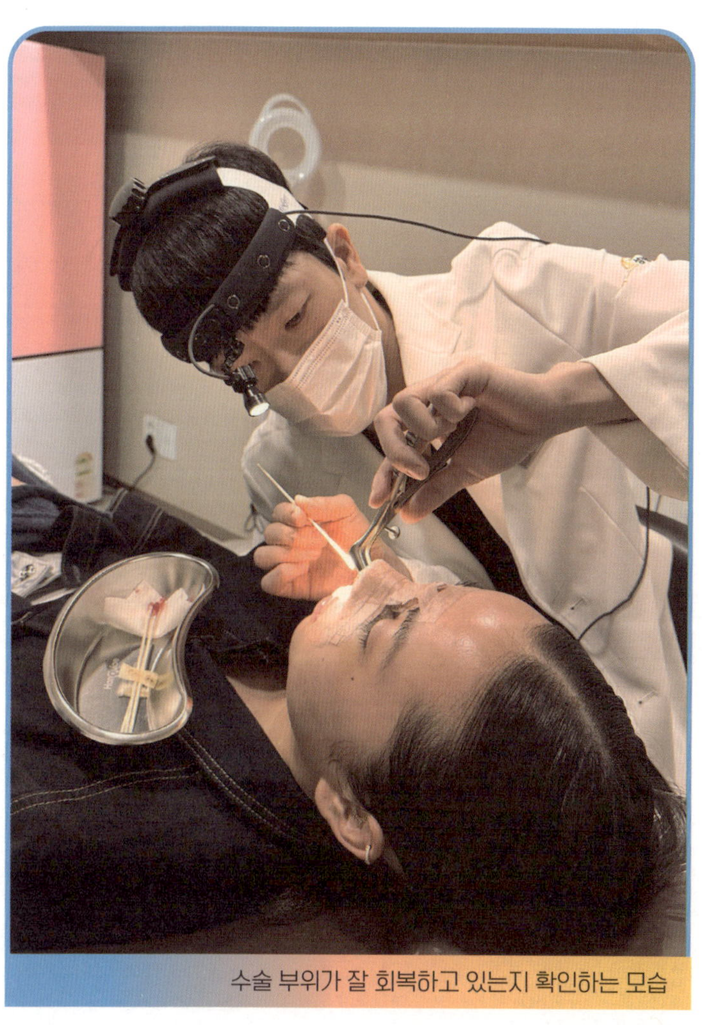

수술 부위가 잘 회복하고 있는지 확인하는 모습

진정한 나다움을 선물하는
성형외과 의사

스트레스는 어떻게 해소하나요?

편 스트레스는 어떻게 해소하시나요?

류 스트레스를 잘 관리하는 건 정말 중요해요. 특히 성형외과 의사처럼 집중력과 정밀함이 중요한 사람에겐 마음의 여유가 곧 실력으로 이어지거든요. 그래서 저는 일만큼이나 스트레스 관리도 중요하게 생각해요.

축구는 저에게 최고의 힐링 시간이에요. 고등학교 때부터 저는 축구를 정말 좋아했어요. 쉬는 시간만 되면 친구들과 운동장으로 달려가 공을 찼고, 지금도 축구공 하나만 있으면 머릿속이 놀랍도록 맑아져요. 병원 일은 정신적으로도 체력적으로도 에너지를 많이 쓰는 일이에요. 하지만 운동장에서 힘껏 공을 차고 땀을 흘리다 보면, 쌓였던 스트레스가 말 그대로 확 날아가요.

그리고 저에게 가장 큰 힘이 되는 존재는 가족이에요. 힘든 하루를 보내고, 집에 돌아왔을때 아이들이 "아빠!"하며 달려오면 모든 피로가 눈 녹듯 사라져요. 아이들의 웃는 얼굴을 보면 '그래, 내가 잘 살고 있구나' 하는 생각이 들어요. 아이들에게 힘을 주고 있다고 생각했는데, 사실은 제가 아이들 덕분에 더 큰 힘을 얻고 있더라고요.

그리고 무엇보다도, 제 인생의 가장 든든한 버팀목은 아내예요. 제가 어떤 선택을 하든 믿고 지지해 주고, 존중해 주는 사람이죠. 또 묵묵히 지켜봐 주시는 부모님의 존재도 늘 감사해요. 말없이 응원해 주시는 분들이 있기에 저는 흔들리지 않고, 제 길을 걸어갈 수 있었어요.

또한, 사랑하는 가족들과 함께하는 여행도 저에게는 좋은 스트레스 해소법이에요. 바쁜 일상에서 벗어나 자연을 보고, 새로운 곳을 경험하면, 마음에 여유가 생기고 새로운 아이디어가 샘솟기도 하거든요. 그렇게 쌓인 소중한 추억들이 다시 앞으로 나아갈 수 있는 에너지가 돼요.

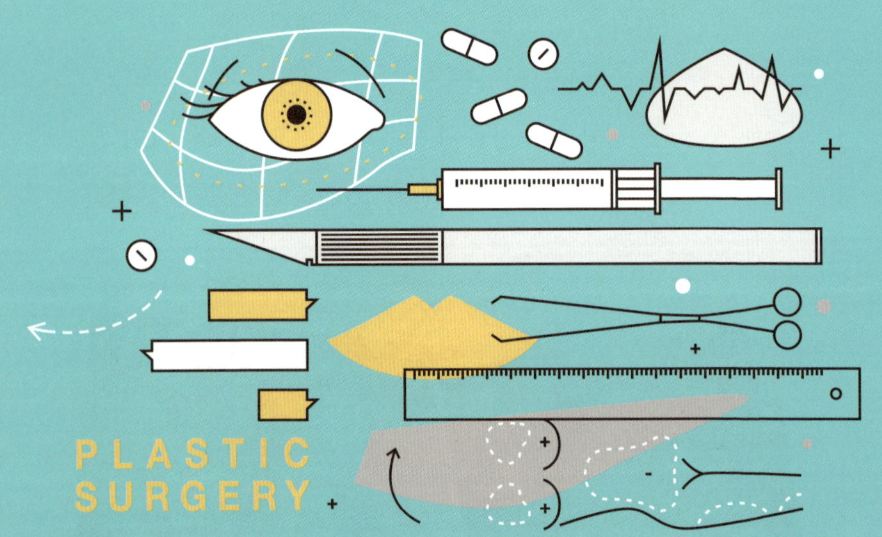
PLASTIC
SURGERY

성형외과 의사가 되는 방법

성형외과 의사가 되는 방법을 알려주세요

편 성형외과 의사가 되는 방법을 알려주세요

류 성형외과 의사가 되기까지는 꽤 긴 여정을 거쳐야 해요. 먼저 의사가 되기 위해서 의과대학을 졸업하거나, 일반대학 졸업 후 의학전문대학원에 진학해야 해요. 입학 후에는 기초적인 의학 지식을 배우고, 병원에서 임상 실습하며, 직접 환자를 보면서 경험을 쌓게 되죠. 졸업 후 의사국가고시에 합격하면, 드디어 의사면허을 받을 수 있고, 정식으로 의사가 되어 인턴 과정이 시작돼요. 인턴은 다양한 진료과를 한 달씩 근무하면서 각 진료과에 필요한 일을 배우고, 직접 해보는 과정이에요.

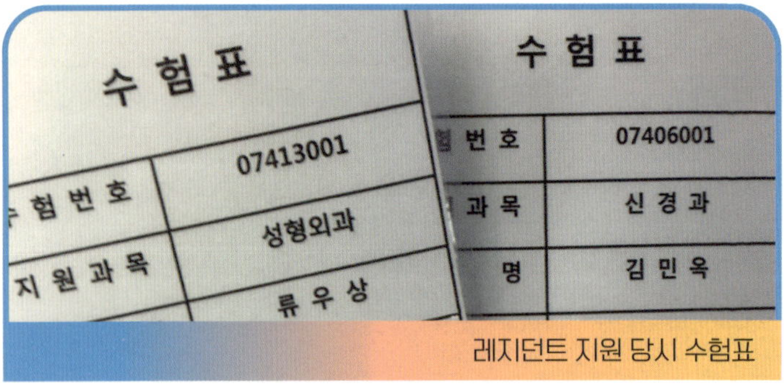

레지던트 지원 당시 수험표

　1년 간의 인턴 생활이 끝나면, 이제 '내가 정말 가고 싶은 진료과(전공과)'를 선택해 지원할 수 있어요. 보통 가장 전공하고 싶은 과를 순서대로 1지망부터 3지망까지 정하고, 지원서를 써요.

　그다음부터는 각 병원별로 지원자를 평가하는 심사가 시작돼요. 기본적으로는 인턴 근무 성적과 인턴 시험 결과, 그리고 면접 평가를 종합해서 결정해요. 인턴 근무 성적에는 얼마나 성실하게 일했는지, 동료들과의 관계, 환자를 얼마나 잘 돌보았는지 등 여러 가지 요소가 포함되죠. 즉, 의사로서 능력뿐만 아니라, 인성, 태도, 팀워크도 매우 중요하게 평가됩니다.

　성형외과는 흔히 말하는 '인기 과'중 하나예요. 그래서 지원자가 많고, 경쟁도 치열한 편이에요. 저도 당시를 떠올려 보면, 제가 지원했던 병원에서는 성형외과 레지던트 1명만 뽑았는데, 3명이 경쟁을 벌였어요. 그중 한 명이 되기 위해 정말 치열하게 준비했던 기억이 나네요.

어떤 과목을 공부하는지 궁금합니다

편 어떤 과목을 공부하는지 궁금합니다.

류 많은 사람이 성형외과는 '얼굴을 진료하는 과'라고 생각해요. 눈, 코, 입 같은 얼굴 부위를 주로 다룬다고 알고 있죠. 물론 얼굴도 아주 잘 알아야 해요. 하지만 성형외과는 몸 전체, 즉 전신을 다 공부해야 하는 과예요. 왜 그럴까요? 성형외과는 단순히 미용 목적의 수술만 하는 게 아니라, 화상, 사고, 선천기형 등으로 생긴 몸 전체의 손상 부위를 복원하거나 다시 만들어 주는 수술도 많이 하기 때문이에요. 예를 들어, 다리에 큰 상처가 생겼을 때는 몸의 다른 부위에서 피부나 살을 떼어내어 이식하기도 하고, 혈관까지 연결해 주는 정교한 수술을 하기도 해요. 그래서 성형외과 의사가 되려면 머리부터 발끝까지, 인체의 구조(해부학)를 모두 공부해야 해요. 피부의 구조, 근육은 어디에 어떻게 붙어 있는지, 신경이나 혈관은 어디를 어떻게 지나가는지 등 정말 세밀하고 정교한 지식이 필요합니다.

학창 시절에 노력을 기울여야 하는 과목이 있나요?

편 학창 시절에 노력을 기울여야 하는 과목이 있나요?

류 성형외과 의사가 되기 위해서는 몇 가지 과목들이 중요해요. 왜냐하면 성형외과는 단순히 기술만 쓰는 과가 아니라 아름다움을 표현하고, 이상적인 모습을 추구하면서 정교한 손기술과 미적인 감각이 함께 필요한 분야이기 때문이에요.

무엇보다 미용 수술에서는 '미적인 감각'이 필수예요. 사람의 얼굴을 바꾼다는 건 단순히 숫자나 기술로 할 수 있는 일이 아니거든요. 어떤 얼굴이 자연스럽고, 조화로운지, 또 그 사람이 가진 분위기와 잘 어울리는 아름다움이 무엇인지 판단할 수 있는 눈이 정말 중요해요.

그래서 미술 과목도 많은 도움이 돼요. 꼭 그림을 잘 그리지 않아도 괜찮아요. 대신 관심을 두고 미술을 접하다 보면 관찰력과 균형 감각이 자연스럽게 길러져요. 비율, 명암, 조화 같은 요소를 잘 볼 줄 알게 되면 수술할 때도 훨씬 더 섬세하고 정교한 결과를 만들 수 있어요.

그다음으로는 수학과 물리 과목도 중요해요. 왜냐하면 수술은 평면에서 이루어지는 게 아니라, 입체 구조를 다루는 일이기 때문이에요. 예를 들어 CT나 MRI 같은 의료 영상 정보를 통해 먼저 환자의 구조를 분석하고, 수술실에서는 그 정보를 바탕으로 실제 인체를 3차원적으로 접근해야 해요. 즉, 머릿속에서 정확한 위치와 깊이를 계산하면서 손을 움직이는 일이죠. 이때 꼭 필요한 능력이 바로 '공간지각능력'이에요. 그리고 이런 능력을 키우는 데 수학, 특히 기하, 물리 과목이 큰 도움을 줘요.

어떤 성향의 사람이 이 직업과 잘 맞을까요?

편 어떤 성향의 사람이 이 직업과 잘 맞을까요?

류 성형외과는 단순히 손재주가 좋은 사람만 하는 직업은 아니에요. 진짜 중요한 건 '꼼꼼함'과 '섬세함'이에요. 왜냐하면 아주 작은 실수 하나가 환자의 얼굴이나 몸에 평생 흉터로 남을 수 있기 때문이에요. 특히 얼굴은 흉터에 더욱 예민한 부위라, 성형외과 의사가 어떻게 꿰매느냐에 따라 결과가 완전히 달라질 수 있어요. 꼼꼼하고 섬세하게 봉합할수록, 흉터가 거의 보이지 않을 정도로 깔끔한 결과를 만들 수 있죠.

전공의 1년 차, 성형외과 수련 첫해가 시작되면 가장 먼저 배우는 게 바로 '봉합', 즉 상처를 꿰매는 방법이에요. 이건 성형외과에서 가장 기본이면서도 정교함이 요구되는 기술이에요. 실을 꿰는 위치, 간격, 깊이, 방향까지 모든 요소를 고려해서 한 땀 한 땀 정성껏 꿰매야 해요. 그래야 흉터가 적고 회복도 빠르거든요.

그리고 성형외과에서 정말 중요한 또 한 가지는 '공감 능력', 즉 환자의 마음까지 함께 들여다보는 태도예요. 요즘은 성형수술로 인해 마음에 상처받은 사람들도 많아요. 예상과 다른 결과에 실망하거나, 반복되는 수술 실패에 심리적으로

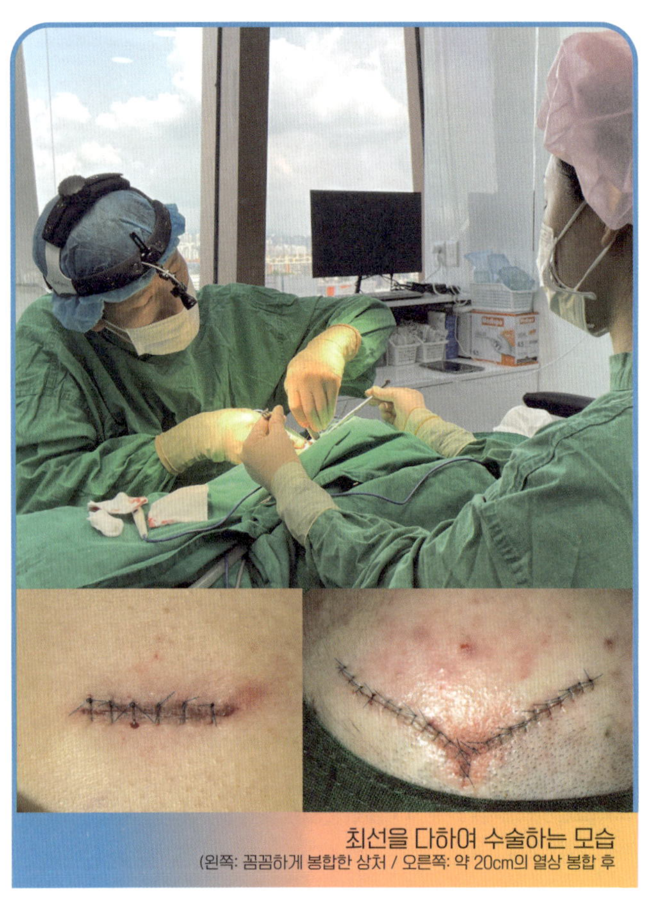

최선을 다하여 수술하는 모습
(왼쪽: 꼼꼼하게 봉합한 상처 / 오른쪽: 약 20cm의 열상 봉합 후

지친 환자들도 있죠. 이럴 때는 단지 수술을 잘하는 의사가 아니라, 환자의 이야기를 끝까지 들어주고, 마음을 다독여줄 수 있는 의사가 되어야 해요. 저 역시 실제로, 수술 실패로 힘들어하는 환자들과 충분한 상담 시간을 가지며, 재수술을 통해 더 나은 결과를 만들기 위해 최선을 다하고 있어요.

그리고 마지막으로 꼭 필요한 성향은 '포기하지 않는 끈기'예요. 특히 재건 성형에서는 한 번 실패하면 다시 시도할 기회가 거의 없어요. 피부를 이식했는데 실패하거나, 살을 옮겨 붙였는데 괴사하면 되돌리기 어렵거든요. 그래서 저는 항상 수술이 성공할 수 있도록 최선을 다해요. '내가 실패하면, 뒤는 없어' 이런 책임감을 갖고 있죠. 그러니 어떤 상황에서도 절대 포기하지 않고, 끝까지 고민하고, 싸우고, 해결하려는 자세가 정말 중요해요.

수술 전에는 환자에 대해 치열하게 시뮬레이션하고, 수술 중에도 완성도를 높이기 위해 집중해요. '이 정도면 괜찮겠지'라는 생각은 절대 허용되지 않아요. '내가 꼭 성공해야 한다'라는 마음으로 끝까지 밀어붙이는 것, 그게 바로 성형외과 의사의 무게이자, 이 직업의 가장 멋진 점이라고 생각해요. 진심을 다했을 때, 환자가 다시 웃게 되는 그 순간은 정말 말로 표현할 수 없는 감동으로 돌아와요.

청소년기에 어떤 노력을 하면 좋을까요?

편 청소년기에 어떤 노력을 하면 좋을까요?

류 성형외과 의사가 되고 싶다면, 지금 당장 의학 지식을 공부하는 것보다 더 중요한 게 있어요. 바로 체력과 건강한 생활 습관을 기르는 거예요. 많은 사람이 '의사는 책상 앞에서 공부만 많이 하면 되는 직업 아닌가요?'라고 생각해요. 하지만 성형외과는 그렇지 않아요. 수술실에서는 실제로 상당한 체력 소모를 요구하는 상황이 빈번하게 발생해요. 저도 대학 병원에 있을 때, 12시간이 넘는 수술을 많이 했어요. 수술 중에는 밥도 못 먹고, 화장실도 못 가고, 서서 몇 시간을 집중하며 버텨야 해요. 팔이 저려도, 다리가 떨려도, 끝까지 집중력을 유지해야 하고요. 그래서 수술을 잘하려면 실력뿐만 아니라 체력도 정말 중요해요.

청소년 시기에는 잘 먹고, 잘 자고, 꾸준히 운동하는 습관을 만드는 게 앞으로 어떤 길을 가든 큰 자산이 돼요. 운동을 꾸준히 하면 근육과 체력뿐 아니라, 집중력, 인내심, 스트레스 해소 능력도 함께 길러져요. 공부와 체력, 두 가지를 균형 있게 잘 키워가는 연습을 한다면, 미래에 어떤 직업을 선택하든 자신 있게 도전할 수 있을 거예요.

도움이 되는 책이나 영화를 추천해 주세요

편 청소년에게 도움이 되는 책이나 영화를 추천해 주세요.

류 제가 여러분께 정말 강력하게 추천하고 싶은 영화가 있어요. 바로 2017년도에 개봉한 〈원더Wonder〉라는 영화예요.

이 영화는 전 세계에서 1,300만 부 이상 팔린 베스트셀러 소설을 원작으로 만들었고, 2025년에 재개봉할 정도로 오랫동안 많은 사람의 사랑을 받았어요. 네이버 평점이 무려 9.43점인데 저는 개인적으로 10점 만점에 10점을 줄 정도로 깊은 감동을 받았어요. 이 영화의 주인공은 선천성 안면기형이 있는 '어기'라는 소년이에요. 어기는 얼굴이 다르다는 이유로 늘 우주인 헬멧을 쓰고 다녔어요. 하지만 어느 날, 처음으로 헬멧을 벗고 학교에 가기로 결심하면서 세상과 마주하게 돼요. 학교에서 겪는 차별, 편견, 상처, 그리고 그 속에서도 어기와 친구들이 함께 만들어가는 따뜻한 변화와 성장에 관한 이야기예요. 〈원더〉는 단순히 '외모에 관한 이야기'가 아니에요. 이 영화는 우리에게 '나와 다른 사람을 우리는 어떻게 바라보고 있나요?', '상처 입은 마음을 어떻게 이해하고 안아줄 수 있을까요?'라는 질문을 던지죠. 저는 성형외과 의사로서 선천성 기형을 가진 환자들을 실제로 만나면서 이 영화가 전

하는 메시지에 더 깊이 공감할 수 있었어요. 그리고 의학 지식보다 더 중요한 건 '마음을 바라보는 시선'이라는 걸 느꼈죠. 시간을 내어 영화를 꼭 봤으면 좋겠어요. 영화를 보고 난 후, 세상을 바라보는 시선이 분명히 달라질 거예요.

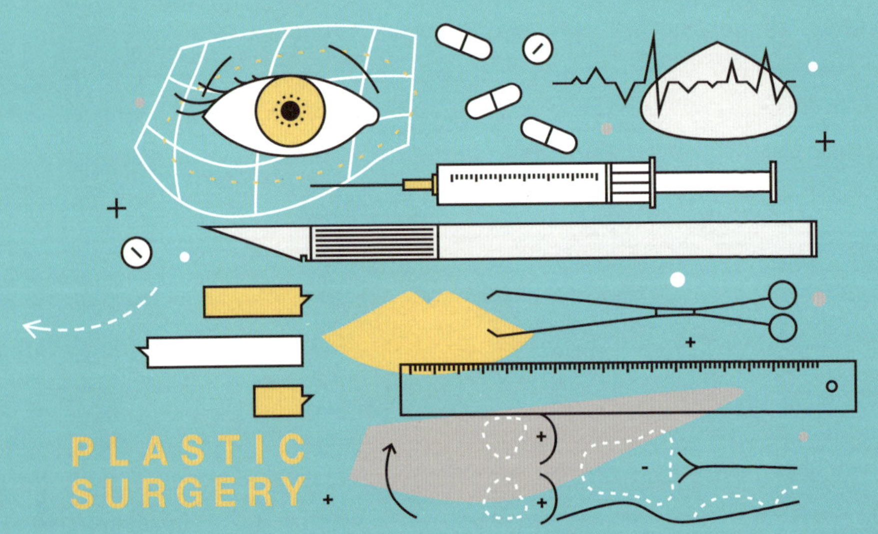
PLASTIC
SURGERY

성형외과 의사가 되면

업무에 숙련되기까지 얼마나 걸리나요?

편 업무에 숙련되기까지 얼마나 걸리나요?

류 성형외과 의사가 업무에 숙련되기까지는 정말 많은 시간과 경험이 필요해요. 처음 성형외과 수련을 시작하면 봉합부터 배우는데, 눈에 잘 보이지도 않는 가는 실로 피부를 정교하게 꿰매야 하므로 굉장히 섬세한 손기술이 필요하죠.

전공의 1년 차가 되면, 응급실에서 열상 환자들을 직접 꿰매는 경험을 해요. 보통 인턴 때부터 조금씩 연습하면서 손에 익히기 시작하죠. 그래서 1년 차가 끝날 무렵이면 봉합은 꽤 익숙해지는 편이에요. 저도 전공의 시절 정말 많은 봉합을 했어요. 선배들이 농담 삼아 "서울에서 부산까지 꿰매고 왕복했겠다"라고 말할 정도였죠.

그런데 미용 수술은 기술을 익히고 연습을 한다고 해서 되는 게 아니에요. 수많은 케이스를 직접 경험하면서 눈과 손의 감각이 함께 길러져야 해요.

저 역시 수많은 수술을 해오면서 '이제 좀 익숙해졌다'라는 생각이 들 때도 있지만, 방심은 절대 하지 않아요. 왜냐하면 환자는 모두 다르고, 케이스도 다르기 때문이죠. 작은 차이 하나가 수술 결과를 크게 바꿔놓기도 하니까, 저는 디테

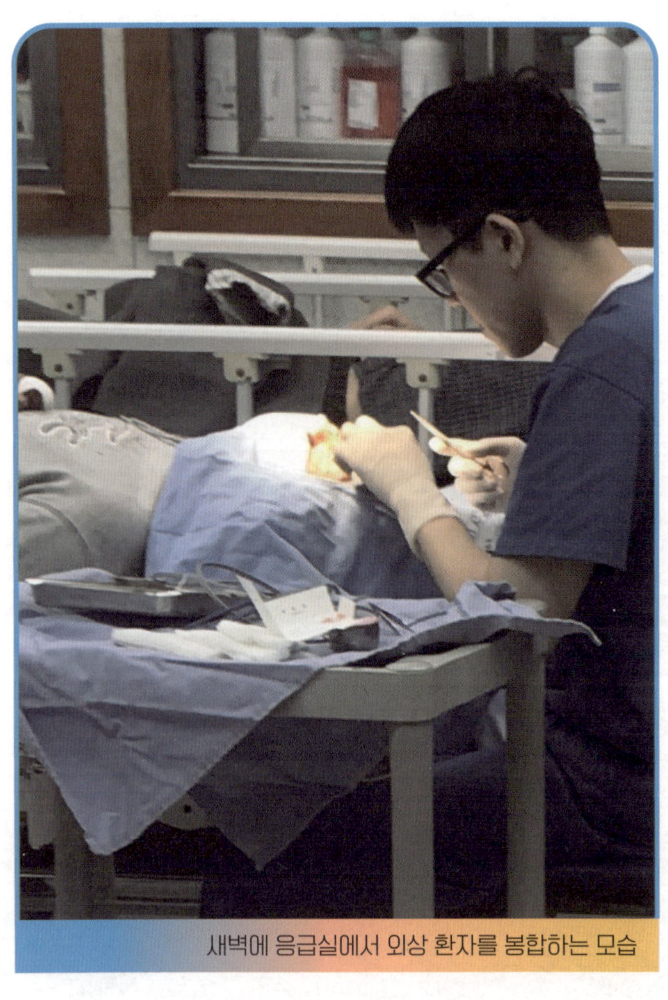

새벽에 응급실에서 외상 환자를 봉합하는 모습

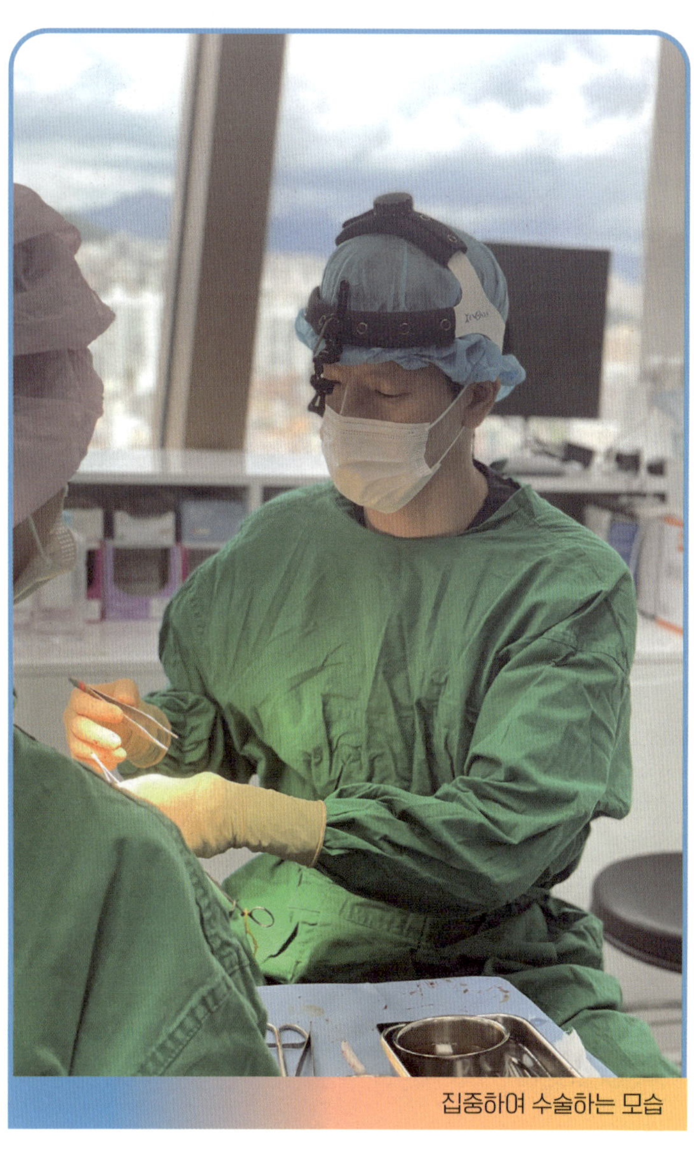

집중하여 수술하는 모습

일 하나까지도 절대 가볍게 넘기지 않아요. 항상 긴장의 끈을 놓지 않고, 매 순간 새롭게 최선을 다하려고 해요.

의사가 되고 난 후 달라진 점은 무엇인가요?

편 의사가 되고 난 후 달라진 점은 무엇인가요?

류 사실 저는 예전엔 의사가 되면 모든 게 끝나는 줄 알았어요. '의대 졸업하고, 국가고시 붙고, 흰 가운 입으면 끝 아니야?' 이렇게 생각했죠. 하지만 막상 의사가 되고 보니, 그건 정말 시작일 뿐이었어요. 진짜 중요한 일들은 그때부터 시작됐어요. 의사가 된 순간 깨달았죠. '내 결정 하나하나가 환자의 몸과 마음에 직접적인 영향을 준다'라는 사실을요. 내가 부족하면, 내가 실수를 하면 그 피해는 고스란히 환자에게 돌아가요. 특히 성형외과는 결과가 눈에 보이는 분야예요. 내가 잘못 봉합하거나 수술에서 실수하면 환자에게 그 흉터는 평생 남을 거예요. 그건 단순히 피부에 남는 흉터가 아니라, 환자에게 지울 수 없는 기억이 될 수도 있죠. 그래서 자연스럽게 책임감의 무게도 훨씬 커졌어요. 오히려 의사를 꿈꾸던 시절보다, 의사가 된 지금 더 열심히 살고 있어요.

또 한 가지 달라진 점은 '공부하는 자세'예요. 학생 때는 솔직히 시험을 위한 '외우기식' 공부였어요. 하지만 지금은 환자에게 더 좋은 결과를 주기 위한 공부를 해요. 그래서 더 자주 논문을 찾아보고, 직접 논문도 쓰며, 새로운 치료법이

ARCHIVES OF CRANIOFACIAL SURGERY

Arch Craniofac Surg Vol.20 No.2, 94-100
https://doi.org/10.7181/acfs.2019.00150

Immediate regraft of the remnant skin on the donor site in split-thickness skin grafting

Young Ji Park,
Woo Sang Ryu,
Jun Oh Kim,
Gyu Hyeon Kwon,
Jun Sik Kim,
Nam Gyun Kim,
Kyung Suk Lee

Department of Plastic and Reconstructive Surgery, Gyeongsang National University Hospital, Jinju, Korea

Original Article

Background: Skin defects of head and neck need reconstruction using various local flaps. In some cases, surgeons should consider skin graft for large skin defect. It is important to heal skin graft and donor sites. The authors investigated wound healing mechanisms at the donor sites with split-thick-ness skin graft (STSG). In this study, the authors compared two types of immediate regraft including sheets and islands for the donor site after facial skin graft using remnant skin.
Methods: The author reviewed 10 patients who underwent STSG, from March 2015 to May 2017, for skin defects in the craniofacial area. The donor site was immediately covered with the two types using remnant skin after harvesting skin onto the recipient site. Depending on the size of the remnant skin, we conducted regraft with the single sheet (n=5) and island types (n=5).
Results: On postoperative day 1 and 3 months, the scar formation was evaluated using the Patient and Observer Scar Assessment Scale (POSAS) and Vancouver Scar Scale (VSS). Total POSAS and VSS scores for the island type were lower than in single sheet group after 3 months postoperatively. There was significant difference in specific categories of POSAS and VSS.
Conclusion: This study showed a reduction in scar formation following immediate regrafting of the remnant skin at the donor site after STSG surgery. Particularly, the island type is useful for clinical application to facilitate healing of donor sites with STSG.

Keywords: Skin neoplasms / Skin transplantation / Wound healings

피부 이식 관련해서 작성한 논문

ARCHIVES OF CRANIOFACIAL SURGERY

Arch Craniofac Surg Vol.20 No.5, 284-288
https://doi.org/10.7181/acfs.2019.00388

The clinical usefulness of closed reduction of nasal bone using only a periosteal elevator with a rubber band

Young Ji Park,
Woo Sang Ryu,
Gyu Hyeon Kwon,
Kyung Suk Lee

Department of Plastic and Reconstructive Surgery, Gyeongsang National University Hospital, Jinju, Korea

Original Article

Background: Closed reduction of nasal fracture with various instrument is performed to treat nasal fracture. Depending on the type of nasal fracture and the situation in which it is being operated, the surgeon will determine the surgical tool. The objective of this study was to investigate whether a periosteal elevator (PE) was a proper device to perform closed reduction for patients with simple nasal fractures.
Methods: From March 2018 to December 2018, 50 cases of simple nasal bone fracture underwent closed reduction performed by a single surgeon. These patients were divided into two groups randomly: nasal bone reduction was performed using only PE (freer) and nasal bone reduction was performed using Walsham, Asch forcep, and Boies elevator (non-freer, non-PE).
Results: The paranasal sinus computed tomography was performed on patients before and after operation to carry out an accurate measurement of reduction distance at the same level. According to the results, the interaction between instruments and fracture types had a significant influence on reduction distance ($p=0.021$). To be specific, reduction distance was significantly ($p=0.004$) increased by 2.157 mm when PE was used to treat patients with partial displacement compared to that when non-PEs were used.
Conclusion: Closed reduction using PE and other elevator is generally an effective treatment for nasal fracture. In partial-displacement type of simple nasal fracture, closed reduction using PE can have considerable success in comparison with using classic instruments.

코뼈 골절 관련해서 작성한 논문

나 수술법을 연구하죠. 예전에는 '의사가 되는 것'이 목표이
자 꿈이었다면, 지금은 '좋은 의사'가 되고 싶다는 새로운 목
표가 생겼어요. 그건 단순히 '일을 잘하는 사람'이 아니라, 환
자를 더 잘 이해하고, 책임질 수 있는 사람이 되는 것이죠.

편 성형외과에서 협업은 어떻게 이루어지나요?

류 성형외과 병원에서는 한 명의 환자를 위해 여러 사람이 함께 움직이는 협업 시스템이 잘 갖춰져 있어요. 하지만 그 방식은 대학병원과 개인병원에 따라 조금 달라요.

함께 근무하는 간호사, 코디네이터, 상담실장님들과 함께

먼저 대학병원에서는 정말 다양한 직종의 전문가들이 한 팀이 되어 움직여요. 의사뿐 아니라 간호사, 간호조무사, 채혈사, 방사선사 등 각 분야의 전문가들이 역할을 나눠 협력하죠. 의사가 진단하고 치료 계획을 세우면, 그에 맞춰 각 부서가 체계적으로 환자의 치료를 함께 완성해요. 특히 외상 환자나 재건 수술처럼 여러 부위를 동시에 치료해야 하는 경우, 성형외과뿐 아니라 정형외과, 흉부외과, 신경외과, 이비인후과 등 다양한 진료과들이 환자를 중심으로 유기적으로 협업하는 구조가 대학병원의 가장 큰 특징이에요.

개인병원은 대학병원보다 조금 단순하지만, 밀착된 구조예요. 의사와 간호조무사가 핵심 팀을 이루고, 상담실장이나 성형수술 코디네이터도 함께 환자의 전 과정을 세심하게 돌봐주죠. 특히 미용 수술의 경우, 한 명의 환자에게 여러 수술이 동시에 진행되기도 해서 수술 파트를 나눠 협업하기도 해요. 예를 들어, 눈 성형은 A 원장이, 코 성형은 B 원장이 맡는 식으로요. 저는 눈, 코, 안면거상 등 얼굴 전반에 걸친 수술을 직접 다 맡아 진행하고 있어요. 왜냐하면, 한 사람의 얼굴은 전체적인 균형과 조화가 가장 중요하기 때문이에요. 한 명의 의사가 처음부터 끝까지 책임지고 수술하면 환자 한 사람에게 더 집중할 수 있고, 결과의 완성도를 높일 수 있어요.

연봉과 근무 시간, 근무 환경은 어떤가요?

편 연봉과 근무 시간은 어떤가요?

류 성형외과 의사의 연봉은 개인의 경력, 실력, 맡는 수술의 범위에 따라 차이가 커요. 전문의가 되자마자 만족스러운 연봉을 받는 건 아니에요. 처음에는 월급이 적고, 자리를 잡기까지 시간이 오래 걸리죠. 경험과 실력이 쌓이면 보통은 연봉 2억 원 전후인 경우가 많고, 더 많은 수술을 능숙하게 할 수 있는 경우에는 그 이상을 받기도 해요. 하지만 연봉이 높다고 해서 무조건 좋은 것만은 아니에요. 높은 연봉은 그만큼 강한 업무 강도와 책임을 의미하기도 해요. 야근이 잦거나 주 6일 근무를 해야 할 때도 많고, 몸과 마음의 에너지를 많이 써야 하죠. 그래서 결국 중요한 건 단순한 '숫자'가 아니라, 자신에게 맞는 환경에서 지속 가능하게 일할 수 있는 '균형'을 찾는 것이라고 생각해요.

성형외과 의사의 근무 시간은 일반적인 직장과는 조금 달라요. 보통 오전 10시에 출근해서 평일은 저녁 7시쯤, 주말은 오후 4~5시쯤 퇴근해요. 성형외과는 여름방학과 휴가철인 7~8월, 겨울방학과 연말인 11~1월이 가장 바쁜 '성수기'이고, 그 외 기간은 비교적 여유가 생기는 '비수기'예요.

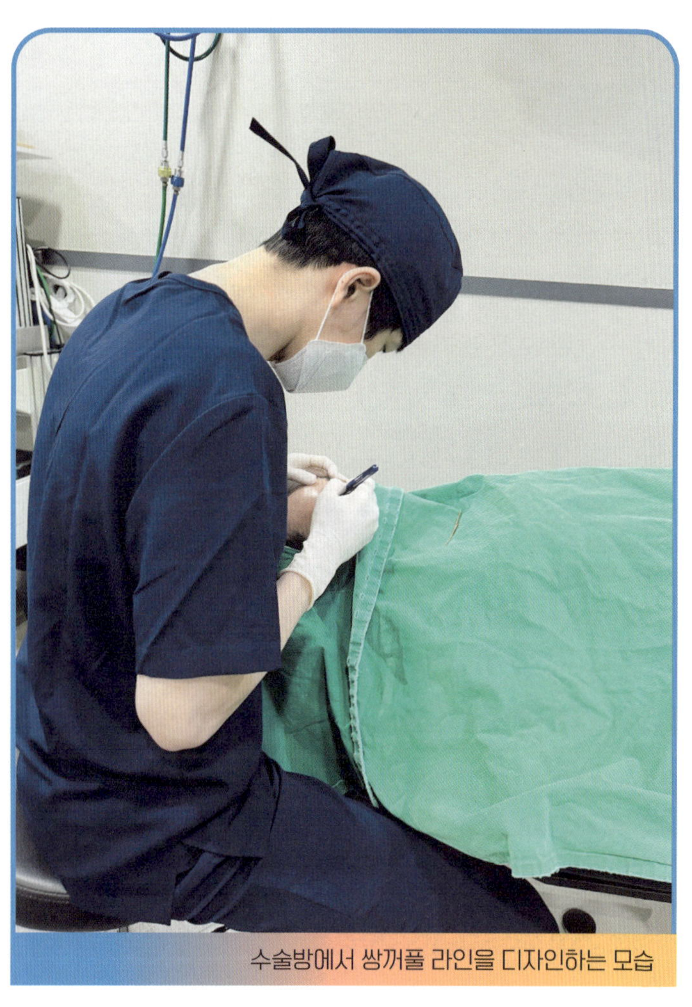

수술방에서 쌍꺼풀 라인을 디자인하는 모습

편 근무 환경은 어떤가요?

류 성형외과의 근무 환경은 겉보기에는 화려하고 여유로워 보일 수 있지만, 실제로는 굉장히 바쁘고 세심함이 요구되는 공간이에요. 무엇보다 근무 환경이 차분하고 안정적이어야 해요. 정신없는 분위기에서는 작은 실수도 큰 문제로 이어질 수 있어요. 그 피해는 고스란히 환자에게 돌아가기 때문에 항상 신중함을 유지하려고 노력해요.

특히 수술은 긴 시간 동안 고도의 집중력이 필요한 작업이에요. 그래서 수술실은 소음과 방해 요소가 없어야 해요. 수술 중에는 환자의 전신 상태를 꼼꼼하게 체크하면서 아주 미세한 부분까지도 놓치지 않게 의료진 모두가 차분하고 침착한 분위기 속에서 협력하고 있어요.

정년퇴직 후에는 어떤 일을 할 수 있나요?

편 정년퇴직 후에는 어떤 일을 할 수 있나요?

류 사실 개인병원에서는 정년퇴직이라는 개념이 명확하게 존재하지 않아요. 일반 회사처럼 정해진 나이가 되면 자동으로 퇴직하는 구조가 아니기 때문이에요. 보통 의사는 진료와 수술을 할 수 있는 집중력과 체력이 유지된다면, 의사로서의 길을 계속 이어가는 경우가 많죠. 어떻게 보면, 내 기술을 필요로 하는 환자들이 있는 한, 그리고 그 기술을 안전하게 펼칠 수 있는 상태라면, 계속해서 진료를 이어가는 것 같아요. 다만 성형외과는 섬세하고 정밀한 수술이 많이 요구되는 과이기 때문에 진료 수명이 다른 진료과보다 짧은 편이에요. 수술 중에는 아주 미세한 차이를 다뤄야 하므로 손이 떨리거나 시력, 체력에 이상이 생기면 수술을 안전하게 진행하기가 어렵거든요. 그래서 대부분의 성형외과 의사들은 정해진 정년보다는 자신의 몸 상태와 컨디션, 집중력 등을 스스로 판단해서 언제까지 진료를 할지 결정하죠.

환자를 만나는 게 힘들진 않나요?

[편] 환자를 만나는 게 힘들진 않나요?

[류] 당연히 힘들 때도 있어요. 사람을 만나서 진료하고 환자의 행복을 위해 돕는다는 건 그만큼 내 에너지를 상대방에게 쏟아붓는 일이거든요. 그 사람의 고민을 진심으로 들어주고, 공감해 주는 과정은 가끔 지치고, 감정적으로 힘들게 느껴질 때도 있어요. 하지만 힘들다고 해서 그 일을 피할 수는 없어요. 힘들어도 해야 하고, 그게 바로 의사로서의 사명감이죠. 누군가가 힘들어하고 있다면, 그 고통을 내가 해결해 줄 수 있다면, 힘들더라도 기꺼이 감당해야 한다고 생각해요. 어쩌면 그게 의사의 숙명일 수도 있고요. 저도 성형외과 의사로 일하면서 지치고 힘든 순간들도 많이 겪었지만, 좋은 수술 결과로 환자가 웃고, "정말 감사해요", "요즘 너무 행복해요"라는 말을 건넬 때면 '아, 내가 이 일을 하길 정말 잘했구나' 하는 생각이 들어요. 이런 소중한 경험 하나하나가 힘들어도 이 길을 계속 걸어가게 해주는 진짜 원동력이 되어 주죠.

편 환자와의 다양한 에피소드가 궁금해요

류 정말 많은 환자를 만나다 보니, 기억에 남는 에피소드도 다양해요. 그중 하나는, 지금도 마음에 깊이 남아 있는 이야기예요.

"선생님, 코가 휘어버렸어요."

고등학교 1학년 때, 누군가의 권유로 코 수술을 받았다는 친구가 있었어요. 그리고 시간이 흘러 20살이 넘은 나이에 우리 병원을 찾아왔죠. 진료를 하며 코 상태를 확인했을 때, 정말 안타까웠어요. 자기 얼굴과 맞지 않는 두꺼운 실리콘이 오랜 시간 코뼈를 눌러 왔

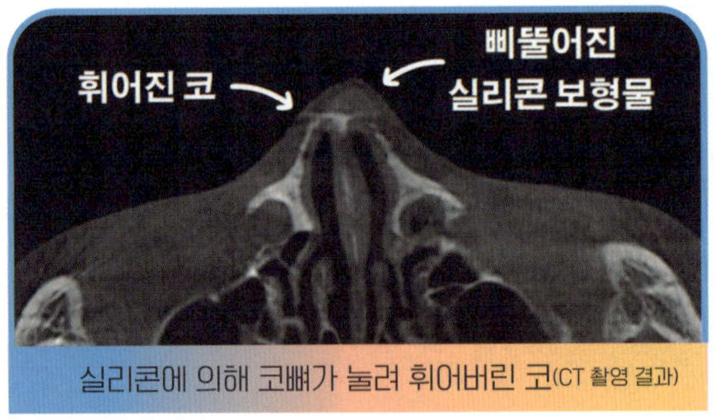

실리콘에 의해 코뼈가 눌려 휘어버린 코(CT 촬영 결과)

더라고요. 그래서 정상적인 성장을 해야 할 뼈가 압박을 받아, 점점 휘어진 채로 자라버린 거예요. 상태는 생각보다 훨씬 안 좋았지만, 그 친구는 해맑게 웃으면서 자신의 이야기를 진심 어린 태도로 털어놓았어요. 그 모습이 참 순수하고 예뻤어요. 그때 저는 '이 친구의 코를 다시 꼭 되찾아 주겠다'라는 마음을 먹고 수술에 들어갔죠. 실리콘을 제거하고, 휘어진 뼈를 정교하게 대칭을 맞춘 뒤, 그 친구의 얼굴과 가장 잘 어울리는 자연스럽고 조화로운 코로 다시 만들어 줬어요. 너무 어릴 때 한 수술로 문제가 생겼지만, 그래도 늦기 전에 병원을 찾아준 덕분에 그 친구는 다시 건강하고 예쁜 코를 되찾을 수 있었어요.

"사람 만나는 게 무서워요."

중학교 2학년 때, 별생각 없이 쌍꺼풀 수술을 받았다는 친구가 있었어요. 하지만 너무 두껍게 잡힌 쌍꺼풀 라인 때문에 몇 년이 지나도록 "쌍꺼풀 수술했어?", "눈이 이상해!" 같은 말을 계속 들었다고 해요. 그런 말들이 반복될수록 상처는 깊어졌고, 결국 대인기피증이 생겨 약까지 복용하게 되었다고 털어놓았어요. 고등학교 3학년이 된 어느 날, 그 친구는 조심스럽게 우리 병원을 찾아왔어요. 그리고 저를 바라보던 그 절박한 눈빛이 아직도 잊히지 않아요. 그 눈빛에는 단순히 '예뻐지고 싶다'라는 바람이 아니라, '이 상황에서 벗어나고 싶어요'라는 간절한 마음이 담겨 있었어요. 그래서 저는 더 신중하게, 최선을 다해 수술을 준비했어요. 그 친구의 얼굴에 맞는 자연스럽고 부드러운 쌍꺼풀 라인을 만들기 위해, 높았던 라인을 낮추고 눈매가 전체적으로 조화롭게 보일 수 있도록 수술을 진행했어요. 그리고 6개월 후, 그 친구가 다시 병원에 찾아왔을 때 "이제는 사람들 앞에 서는 게 무섭지 않아요. 약도 다 끊었어요."라고 말해 주었어요. 그 순간 정말 큰 감동이 밀려왔어요. 눈도 예뻐졌지만, 그보다 더 중요한 건 그 친구의 마음과 삶이 바뀌었다는 사실이었어요.

"7살 여자아이의 20cm 흉터"

대학병원에 근무하던 시절이었어요. 7살 여자아이가 교통사고로 얼굴에 유리 파편이 튀어, 응급실에 왔어요. 얼굴 곳곳이 찢어져 있었고, 그 열상을 모두 합치면 길이가 무려 20cm에 이를 정도였죠. 부모님은 아

입원한 아이와 함께하는 모습

이가 불안해할까 봐 눈물을 꾹 참으며 아이 곁을 지켰고, 아이도 그런 부모님의 마음을 아는지 울지도 않고 조용히 누워 있었어요. 그 어린 나이에 얼마나 놀라고 아팠을까 생각하니 마음이 아팠어요. 수술은 꽤 오랜 시간이 걸렸어요. 작은 유리 파편 하나하나를 조심스럽게 제거한 후, 찢어진 피부를 최대한 흉터가 남지 않도록 정성껏 꿰맸어요. 입원 동안에도 매일매일 꼼꼼하게 소독하며 관리했어요. 소독 과정은 아이에게 꽤 아픈 시간이었을 텐데, 그 아이는 한 번도 울지 않고 태연하게 앉아 있었어요. 그 모습이 참 대견스러우면서도 너무 안쓰러웠어요. 그렇게 치료를 마치고 퇴원한 뒤, 한 달쯤 지나 외래에서 다시 만났어요. 다행히도 생각보다 흉터가 심하지 않았고, 오랜만에 조심스럽게 웃는 아이의 얼굴을 보는 순간, 저도 모르게 울컥했던 기억이 나요.

"선생님의 지금 모습을 평생 남겨 드릴게요."

사고로 피부에 심한 손상을 입은 10대 후반의 여학생이 있었어요. 피부 이식 수술을 하고 약 2주간 병원에 입원했는데, 그 친구는 놀랍게도 힘든 상황에서도 항상 밝고 긍정적인 모습이었어요. 드레싱(Dressing)을 하러 갈 때마다 미래에 대한 꿈을 들려주곤 했죠. 웹툰 작가가 꿈이라며, 언젠가는 자신의 이야기를 만화로 그려 많은 사람에게 기쁨을 주고 싶다고 말했어요. 수술 부위가 잘 아물고, 드디어 퇴원하던 날, 기뻐하는 그 친구의 모습을 보면서 저도 덩달아 뿌듯했죠. 그런데 갑자기 저에게 고맙다며 깜짝 선물을 건네줬어요. 그건 바로, 저와 제 아내의 모습을 직접 그린 그림이었어요. 그림과 함께 전해 준 말이 아직도 마음에 깊이 남아 있어요. "선생님의 지금 모습을, 제가 평생 남

겨 드릴게요." 그 말이 너무 따뜻하고 감동적이어서 지금도 힘들 때면 그림을 보며 그때의 따뜻한 마음을 추억하고 있어요.

"선생님, 은혜 갚는 까치가 될게요."

마지막 에피소드의 주인공은 예전에 코 수술에 실패했던 20대 여성 환자예요. 저를 찾아와 재수술을 받게 되었죠. 수술 전에는 밝은 척했지만, 나중에야 알게 되었죠. 그 친구는 오랫동안 집안의 여러 문제로 마음고생을 심하게 하고 있었고, 그 상황에서 오랜 시간 고민하던 코 수술을 결심했다고 해요. 아마도 수술을 통해 조금이라도 자신감을 되찾고, 다시 웃고 싶었던 거겠죠. 다행히 코 수술 결과는 매우 만족스러웠어요. 시간이 지나 회복된 후 그 친구는 저에게 정성껏 쓴 손편지를 건넸어요. 그동안 여러 감사 편지를 받아 왔지만, 그 편지에는 특별한 따뜻함이 담겨 있어서 아직도 마음에 깊이 남아 있어요. "선생님, 저 은혜 갚는 까치가 될게요, 앞으로 소식도 종종 전할게요, 정말 감사했습니다."라는 문장을 읽으며 다시 한번 깨달았어요.

성형외과 의사의 일은 단지 겉모습을 바꾸는 게 아

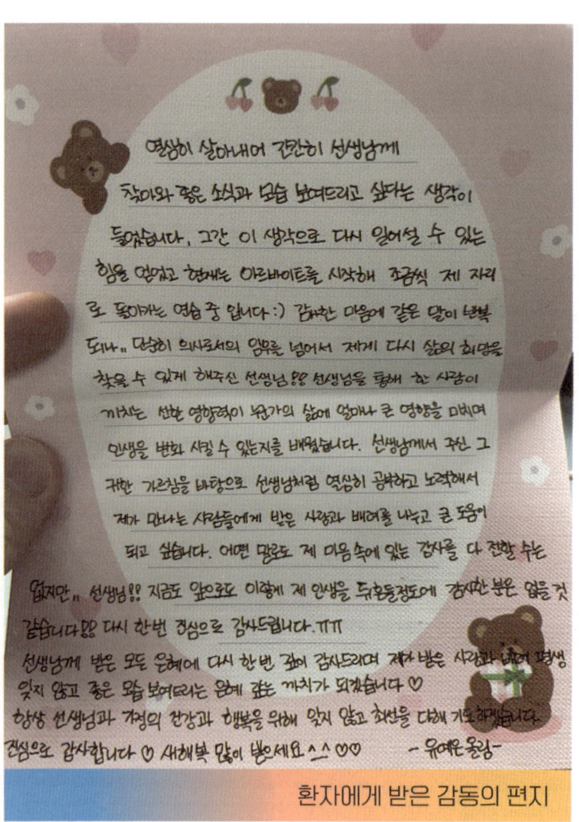

니라, 때로는 삶 전체를 다시 일으켜 세워주는 일이 될 수 있다는 것을요. 그래서 이 일은 제가 사랑하고, 최선을 다하고 싶은 직업이에요.

연세가 많으신 분들도 성형수술을 하나요?

편 연세가 많으신 분들도 성형수술을 하나요?

류 네, 많이 하세요. 그중에서도 대표적인 수술이 쌍꺼풀 수술이에요. 쌍꺼풀 수술은 단순히 예뻐지기 위한 목적뿐만 아니라, 눈을 뜨는 기능을 회복하는 데도 큰 도움이 돼요.

나이가 들면 눈꺼풀이 점점 처지게 되는데, 이렇게 되면 눈을 뜰 때 이마나 눈썹의 근육을 이용해 억지로 들어 올려야 해요. 이런 습관은 눈의 피로를 더 심하게 만들고, 눈가 피부가 짓무르거나 시야가 좁아지는 문제도 생길 수 있어요. 이때 쌍꺼풀 수술을 통해 처진 눈꺼풀을 정리하고, 눈을 쉽게 뜨게 만들어 주는 것이 필요해요.

수술 후에 많은 분이 "눈이 훨씬 잘 떠져요", "시야가 밝아졌어요", "이제 눈 뜨는 게 편해졌어요."라고 말씀하시죠. 그래서 쌍꺼풀 수술은 젊은 사람들만 하는 수술이 아니에요. 50대, 60대 이상 나이의 분들도 충분히 받을 수 있는 수술이고, 일상생활의 불편함을 줄여주는 기능적인 면에서도 매우 중요합니다

가장 보람을 느꼈던
치료 경험은 무엇인가요?

편 가장 보람을 느꼈던 치료 경험은 무엇인가요?

류 의사로서 보람을 느낀 순간은 정말 많지만, 특히 기억에 남는 환자 두 분의 이야기를 소개하고 싶어요.

첫 번째 환자는 이미 여러 차례 코 수술을 받았던 환자였어요. 하지만, 결과가 좋지 않았고, 염증이 반복되면서 결국 '구축코'라는 상태가 되었어요. '구축코'란 수술 후 생긴 흉터나 염증 등으로 인해 코가 딱딱하게 굳고 위로 들리면서 코가 짧아지고, 심하면 숨쉬기조차 어려워지는 상태예요. 이 환자는 외모에 대한 스트레스가 너무 심해서 자존감도 낮아지고, 심지어 정신과 치료까지 받고 있었어요. 단순히 예쁘게 만드는 수술이 아닌, 기능과 외형을 함께 회복하는 재건 수술을 진행해야 했어요.

수술방에 들어가 코안을 열었을 때, 생각보다 더 상태가 심각했어요. 하지만 하나하나 조심스럽게 복원하며, 다시 편하게 숨 쉴 수 있는 자연스럽고 건강한 코로 만들어 드렸어요. 한 달 뒤, 외래로 오신 그분은 진료실에서 눈물을 흘리며 "정말 감사합니다"라는 말을 전했어요. 그 순간, 저도 마음 깊

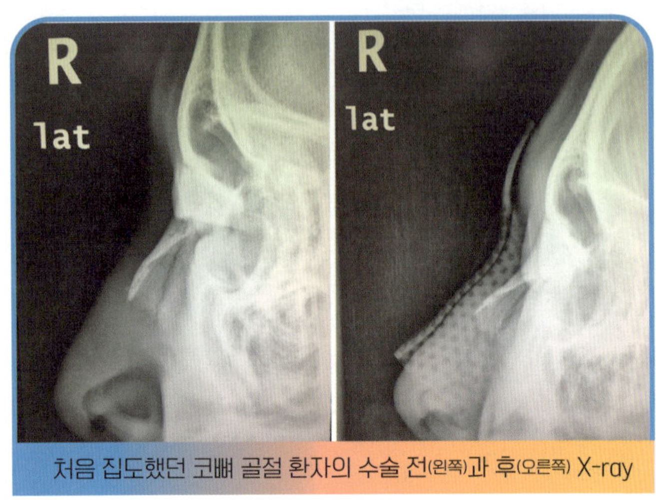

처음 집도했던 코뼈 골절 환자의 수술 전(왼쪽)과 후(오른쪽) X-ray

이 감동했고, '이 일이 정말 누군가의 삶을 바꿔 줄 수 있구나'하는 생각이 들었어요. 그 기억은 지금도 제 마음속에 따뜻하게 남아 있어요.

두 번째 이야기는 제가 의사로서 처음 직접 수술을 맡았던 환자의 이야기예요. 당시 대학병원에서 근무하던 전공의 시절, 한 환자가 교통사고로 코뼈가 부러져 응급실에 왔어요. 피도 많이 나고, 얼굴에 큰 충격을 받은 상황이었죠. 제가 맡은 첫 수술이었고, 그래서 더욱 간절한 마음으로 준비했어요.

수술 전, 환자에게 조심스레 "최선을 다하겠습니다."라고 인사하고 수술방에 들어갔어요. 그날의 긴장감, 수술 중 제 손의 떨림, 한 뼘도 되지 않는 그 코뼈를 정교하게 맞추기 위한 집중력… 지금도 그 모든 순간이 선명하게 기억나요. 수술이 잘 끝나고, 병실을 다시 찾았을 때 환자가 환하게 웃으며 고마움을 표현해 주었고, 저는 의사로서 처음 느껴보는 벅찬 기쁨을 가슴 깊이 새겼어요. 그 날의 감정은 아직까지도 제가 이 일을 사랑하게 만드는 큰 원동력이 되고 있어요.

어떤 마음으로 일하시나요?

편 어떤 마음으로 일하시나요?

류 저는 항상 수술에 들어가기 전, 이렇게 스스로에게 질문해요. '이 환자가 내 가족이라면 어떻게 할까?', '이분이 내 아내라면', '내 자녀라면', '내 동생이라면', 이렇게 가장 아끼는 가족이 이 수술을 받는다고 생각하면, 어떤 결정이 최선일지를 깊이 고민하게 돼요. 병원을 찾는 분들은 단순히 외모를

함께 여행간 아이들

바꾸고 싶어서 오는 게 아니에요. 저마다 자신만의 사연과 간절함을 안고 있어요. 어떤 분은 더 당당해지고 싶고, 어떤 분은 오랜 상처에서 벗어나고 싶어서 찾아오죠. 그 마음을 너무나 잘 알기에, 저 역시 간절한 마음으로 수술에 임해요. 단순히 '예쁘게 만들어 주는' 수술이 아니라, 그 사람의 삶을 바꾸는 수술이라고 생각해요. 그래서 진료실에서는 환자의 이야기를 더 오래, 더 깊이 들어요. 수술실에서는 단 1mm도 허투루 움직이지 않으려고 집중해요. 그 환자가 수술 후에 조금 더 당당해지고, 조금 더 밝게 웃게 되는 모습을 떠올리며 수술을 하죠. 내 가족을 수술한다는 마음으로, 진심을 다해 한 사람의 인생을 응원하는 마음으로 매 순간 최선을 다하고 있어요

환자를 진료할 때 특히 신경 쓰는 부분이 있나요?

편 환자를 진료할 때 특히 신경 쓰는 부분이 있나요?

류 저는 환자를 진료할 때 '조화'를 가장 중요하게 생각해요. 성형수술은 단순히 예쁜 눈, 높은 코를 만드는 기술이 아니에요. 진짜 중요한 건, 그 사람의 얼굴 안에서 자연스럽고 어울리는 조화를 찾아내는 거예요. 예를 들어 여성이라면, 전체적인 부드러운 이미지와의 균형을 생각하고, 남성이라면 그 사람만의 인상과 분위기 안에서 자연스럽게 드러나는 남성성을 살리는 방향을 고민해요. 사람마다 얼굴이 다르듯, 예쁨이나 멋있음의 기준도 모두 달라요. 그래서 저는 누구에게나 똑같은 쌍꺼풀, 똑같은 코를 만들 수 없다고 생각해요. 성형에서 정말 중요한 건 그 사람에게 가장 잘 어울리는 자연스러움과 조화를 찾아내는 거예요. 그게 결국 시간이 지나도 후회 없는 결과로 이어지더라고요.

그리고 저는 환자와 상담할 때, 그 사람의 이야기를 진심으로 잘 들으려고 노력해요. '어떤 부분이 고민인지', '어떤 모습을 기대하는지' 이런 이야기를 충분히 듣고, 수술에 최대한 반영하려고 해요. 하지만 현실적으로 불가능한 부분이 있

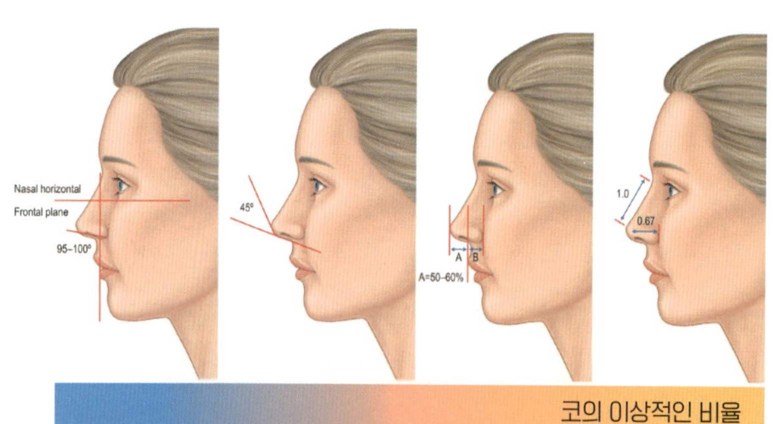

코의 이상적인 비율

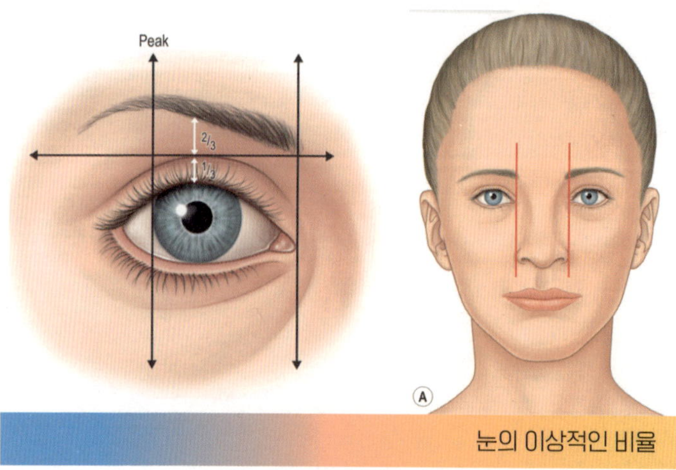

눈의 이상적인 비율

진정한 나다움을 선물하는
성형외과 의사

다면 솔직하게 말씀드려요. 수술은 "될 수 있는 건 되고, 안 되는 건 안 된다"는 정확한 기준과 판단이 매우 중요하거든 요. 무리한 수술은 오히려 부작용을 가져올 수 있기 때문이 에요. 그래서 저는 기대에 맞추기보다는 현실적인 조화 속에 서 가장 좋은 결과를 찾는 방향으로 안내하려고 해요. 그게 결국, 환자를 위한 진심 어린 배려라고 믿기 때문이에요.

수술하고 나서도 계속 성형에 집착하는 환자가 있죠?

편 수술하고 나서도 눈에 보이는 단점에 계속 집착하는 환자가 있죠?

류 대부분의 환자는 수술 결과에 어느 정도 만족하지만, 수술 후에도 사소한 부분에 계속 집착하는 환자도 있어요. 그런 환자들에게 제가 항상 강조하는 말이 있어요. "비대칭은 누구에게나 있고, 완벽하게 대칭인 얼굴은 없다"는 사실이에요.

사람의 얼굴은 누구나 조금씩 비대칭을 가지고 있어요. 눈이나 코가 전체적으로 예쁘고 조화로우면, 작은 차이 정도는 잘 느껴지지 않거나 신경 쓰이지 않아요. 하지만 반대로, 결과가 좋지 않거나 수술 이후 얼굴이 무너진 상태라면 작은 비대칭도 크게 보이고 스트레스를 받을 수 있어요. 그래서 저는 수술을 진행할 때 전체적인 조화와 완성도를 높이기 위해 더 신중하게 접근하고 있어요.

물론 아주 소수지만, 작은 차이에도 예민하게 반응하고 집착하는 환자도 있어요. 그럴 때 저는 이렇게 말씀드려요. "이 부분은 지금 상태에서 이 정도까지만 가능해요. 완벽하게 맞

추긴 어렵지만, 이 방향으로 개선해 볼 수는 있어요." 대부분
은 이렇게 솔직하고 정확하게 설명하면 잘 이해하고 받아들
이죠.

문제는 이전 수술에서 좋지 않은 결과를 겪었거나, 부작용
이 생겼을 때예요. 예를 들어, 코 수술 후 '구축' 현상으로 코
가 짧아지고 위로 들리게 되면, 환자의 시선이 계속 그 단점
에만 머물게 되죠. 이렇게 고통을 겪는 분들을 보면 정말 안
타깝고, 하루라도 빨리 회복과 개선을 도와드리고 싶다는 생
각이 들어요.

성형외과 의사로서
가장 조심하는 건 무엇인가요?

편 성형외과 의사로서 가장 조심하는 건 무엇인가요?

류 성형외과 의사로서 제가 가장 조심하는 건 바로 '환자의 안전'입니다. 수술 과정에서 환자의 건강이 조금이라도 위험해진다면 그 수술은 아무 의미가 없다고 생각해요. 실제로 뉴스를 보면, 피부 괴사 같은 심각한 부작용이나 심지어 사망 사고까지도 간혹 보도되죠. 그런 뉴스를 볼 때면 마음이 정말 무거워요. 그래서 저는 '무조건 예쁘게'가 아니라 '무조건 안전하게'라는 기준을 먼저 세워요.

그래서 환자가 원한다고 해서 무조건 수술을 해 드리는 건 아닙니다. 먼저, '정말로 필요한 수술인지', '안전하게 수술이 가능한 상태인지' 이 두 가지를 반드시 따져봐요. 수술 전에는 환자의 건강 상태를 철저하게 확인해요. 기저 질환이 있는지, 복용 중인 약은 없는지, 혹시 마취에 문제가 생길 가능성은 없는지 등을 꼼꼼히 살펴보죠.

결국 좋은 결과를 만드는 것도 중요하지만, 그 결과에 도달하는 모든 과정이 안전해야만 진짜 의미 있는 수술이 될 수 있고, 환자도 결과에 만족할 수 있어요.

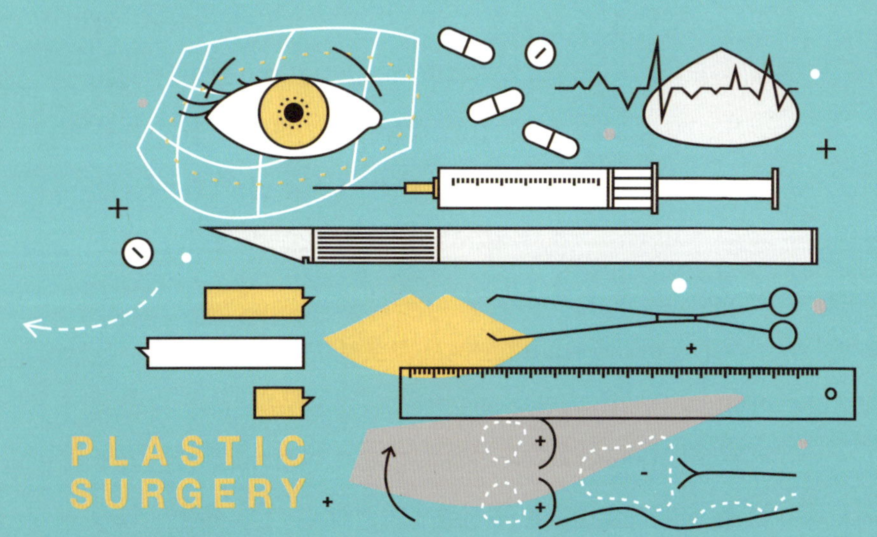
PLASTIC
SURGERY

세계 속의 K-의료

편 외국인들이 성형수술을 하러 우리나라를 찾아오는 건 이제 당연한 문화가 되었어요. 제일 많이 방문하는 나라는 어디인가요?

류 네, 맞아요. 외국인들이 성형수술을 위해 한국을 찾는 건 이제 하나의 문화처럼 자리 잡았어요. 실제 통계에 따르면, 2024년 한 해 동안 약 117만 명의 외국인 환자가 한국을 방문했는데요, 그중에서 가장 많은 비중을 차지한 국가는 일

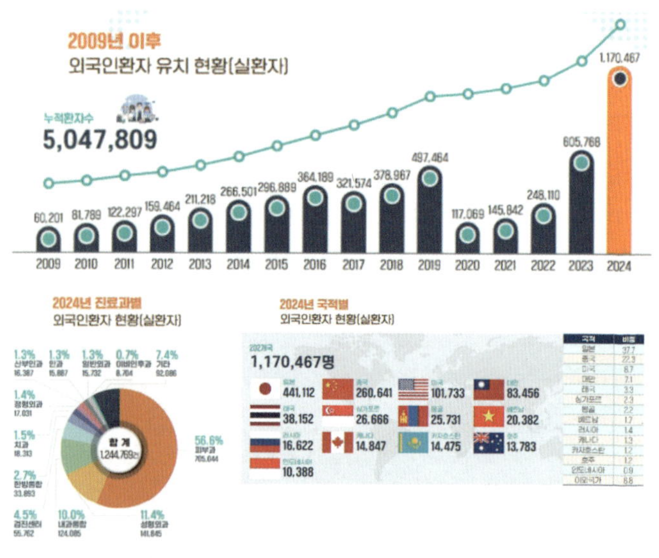

외국인 환자 유치 실적 통계 (출처:한국보건산업진흥원)

본이었어요. 일본은 약 44만 명, 전체 외국인의 37.7%를 차지해요. 그 뒤로는 중국(22.3%), 미국(8.7%), 대만(7.1%) 순으로 많았고, 태국, 러시아, 베트남 등도 꾸준히 찾아오고 있어요.

진료 과목을 보면, 피부과와 성형외과가 외국인 환자 방문의 큰 비중을 차지해요. 특히 피부과는 전체의 절반 이상, 성형외과도 10%가 넘는 비율을 기록하고 있죠. 이는 곧, 한국의 미용·성형 의료가 세계적으로 얼마나 높은 신뢰와 인기를 얻고 있는지를 보여주는 지표라고 볼 수 있어요.

편 그 나라에도 성형외과가 있을 텐데, 왜 굳이 우리나라까지 와서 성형수술을 받을까요?

류 이유는 여러 가지가 있지만, 가장 큰 이유는 한국 특유의 '섬세함'이에요. 예를 들어, 제 은사님은 단 2cm를 봉합하는 데도 1시간 넘게 정성을 들이셨어요. 이렇게 배운 한국 성형외과 의사들은 정말 세밀하고 꼼꼼하게 수술해요. 이런 문화와 기술력이 쌓이면서, 한국의 성형 기술이 세계적으로 인정받게 된 거죠.

또 다른 이유는 아시아인의 얼굴 구조 때문이에요. 서양인들은 대체로 쌍꺼풀이 있고 코가 높기 때문에 성형의 필요성을 덜 느끼지만, 아시아인은 쌍꺼풀이 없거나 코가 낮은 경우가 많아, 자연스럽게 성형 수요가 높아요. 그래서 아시아 지역에서 성형외과 기술이 빠르게 발전했고, 그 중심에 한국이 있는 거예요.

그리고 또 하나 중요한 이유는 한국의 의료 시스템이 매우 신속하고 체계적이라는 점이에요. 한국은 병원 예약, 진료, 수술, 회복까지의 절차가 체계적이고, 전문의를 바로 만날 수 있는 시스템이 잘 되어 있어요. 이건 외국인들에게 굉장히 편리하고 신뢰를 주는 요소예요. 그래서 멀리서도 일부러 한국을 찾아오는 거죠.

편 유럽이나 미국도 성형외과가 발달했나요?

류 네, 물론이에요. 다만 발전한 분야는 조금 달라요. 유럽과 미국은 비만 인구가 많고, 노화로 인한 피부 처짐도 흔해서 주로 복부 성형이나 안면거상술(피부를 당겨주는 수술) 같은 분야가 발달했어요. 한국에서는 복부 성형이 흔하지 않지만, 유럽에서는 수요가 많다 보니 관련 기술이 자연스럽게 발전한 거죠.

반면에, 한국 성형외과는 미세한 부위를 섬세하게 수술하는 기술에 특화돼 있어요. 예를 들어, 눈, 코, 턱선처럼 작고 정밀한 부위를 자연스럽고 균형 있게 만드는 기술은 한국이 세계적으로 앞서 있다고 평가받고 있어요. 그래서 일본을 포함한 많은 아시아권 의사들이 한국에 직접 와서 배우고, 외국 병원들도 한국의 시스템과 기술을 벤치마킹하려고 자주 방문하는 거예요.

편 성형수술은 하고 나면 시간이 지나야 회복을 하잖아요. 외국 환자는 수술 후 다시 한국에 와서 진료를 받나요? 아니면 본국에서 회복 관리를 받나요?

류 성형수술은 수술실에서 끝나는 게 아니에요. 회복 과정까지 책임지는 것이 진짜 의사의 역할이라고 생각합니다. 그래서 외국 환자에게 항상 "수술 후 최소한 일주일은 한국에서 회복 경과 진료를 받고 출국하세요"라고 말씀드려요. 실제로 수술 후 일주일쯤 지나면 부기는 있지만, 예뻐진 모습이 꽤 잘 드러나요. 환자와 함께 거울을 보며 변화된 모습을 확인하고, 어떤 수술을 했는지 설명하면 환자도 훨씬 안심하고 만족해하죠.

물론 사정상 일주일을 다 채우지 못하고 돌아가야 하는 환자도 있어요. 그럴 땐 경과를 며칠 앞당겨 확인하거나, 사진으로 회복 상태를 주기적으로 확인해요. 간단한 실밥 제거 같은 건 본국에서 가까운 병원을 안내하죠. 멀리서 온 환자

라도 끝까지 안전하게 회복할 수 있도록 살펴보는 것이 저의 책임이라고 생각해요

🔵 외국인들은 주로 어떤 유형의 성형을 원하나요? 예를 들면, 연예인 얼굴이나 서구적인 이미지 같은 거요.

🟠 나라별로 조금씩 스타일이 달라요. 일본은 자연스럽지만 확실한 변화를 원해요. 수술한 티가 나지 않으면서 정교한 스타일을 중요하게 생각해서 상담할 때도 굉장히 구체적으로 설명해요.

태국, 대만은 눈이나 코가 크고 또렷해 보이는, 화려한 스타일의 수술을 선호해요. 특히 코가 낮은 경우가 많아서 "확실히 높여주세요"라는 요구가 많아요.

중국은 유행에 민감한 편이에요. 인플루언서나 연예인 사진을 보여주며 "이런 느낌으로 해주세요"라고 요청하는 경우가 많죠. 유행에 따라 원하는 눈매, 코, 턱선이 자주 바뀌기도 해요.

🔵 외국인 환자와의 에피소드가 있나요?

🟠 태국에서 활동하던 한 연예인이었어요. 무대 위에서는 늘 밝게 웃었지만, 코에 '구축' 현상이 점점 심해지면서 코가

짧아지고 딱딱하게 굳어 버렸어요. 처음엔 팬들도 '조금 달라졌다?' 정도로만 느꼈지만, 시간이 지나며 눈에 띄게 변했고, 결국 사람들 앞에 나서는 것조차 힘들어졌다고 해요.

그 환자는 마지막 희망을 품고 한국까지 왔고, 제 진료실에서 수술 상담을 했어요. 그때의 간절한 눈빛이 아직도 잊히지 않아요. 수술은 쉽지 않았지만, 손상된 조직을 하나하나 조심스럽게 복원하며 정말 최선을 다했죠.

코 수술해 드린 태국 연예인과 함께

수술 후, 부기가 조금 빠진 시점에 환자가 거울을 보고 눈물을 글썽이며 이렇게 말했어요. "선생님, 다시 제 자신을 찾은 것 같아요." 그 말을 듣는 순간, 저 역시 가슴이 뭉클하고 뿌듯함이 밀려왔어요. 지금은 무대에 다시 서서 팬들과 웃으며 지내고 있다는 소식도 들었죠. 이 일을 통해 저는 다시 한 번 느꼈어요. 성형은 단순히 겉모습을 바꾸는 게 아니라, 누군가의 삶과 꿈을 되돌려주는 일이라는 걸요.

편 앞으로도 외국 환자가 한국 성형외과를 많이 찾을까요? 성형외과 의사로서 바라는 점이 있다면요?

류 네, 저는 앞으로도 외국인 환자들이 한국 성형외과를 꾸준히 찾을 거라고 생각해요. 요즘은 의료 관광이 점점 활발해지고 있고, 그 안에서 한국 성형외과는 세계적으로도 높은 평가를 받고 있어요. 이건 단순한 유행이 아니라, 국가적인 경쟁력으로도 큰 의미가 있어요. 하지만 저는 그보다 더 중요한 게 있다고 생각해요. 바로 한국을 찾아온 환자들이 안전하고, 믿을 수 있는 진료를 받고 돌아가는 것이에요. 수술만 잘했다고 끝나는 게 아니거든요.

특히 외국 환자들은 한국에 계속 머물 수 없어서 수술 후 문제가 생기면 치료가 어렵고 불편하거든요. 그래서 해외 환자를 수술할 땐 정말 신중하게, 더 많이 신경 써야 해요.

저는 한국 성형외과가 단순히 결과가 좋은 병원을 넘어서, 환자의 안전과 신뢰를 함께 지켜주는 의료가 되기를 바라요. 외국에서 '한국은 참 정직하고, 꼼꼼하게 진료해주는 나라구나'라고 느낀다면 자연스럽게 한국에 대한 신뢰와 위상도 함께 높아질 거라고 믿어요.

그리고 저도, 그런 긍정적인 성형 의료 문화를 만들어가는 데 꾸준히 힘을 보태고 싶어요.

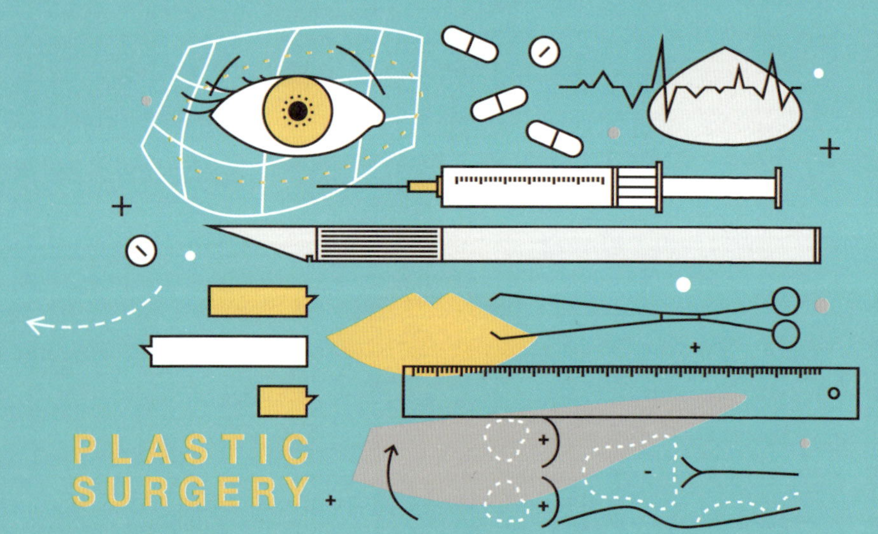
PLASTIC
SURGERY

성형수술에 대한 Q&A

병원을 선택할 때 주의할 점은 무엇인가요?

편 병원을 선택할 때 주의할 점은 무엇인가요?

류 요즘 성형외과 병원이 정말 많잖아요. 광고도 많고, 화려한 이미지나 자극적인 문구들도 넘쳐나서 어디를 믿고 수술을 받아야 할지 고민되는 경우가 많아요. '정말 이 수술이 나한테 꼭 필요한 수술일까?', '이 병원은 믿을 만한 곳일까?' 이런 생각들이 머릿속에 떠오르죠. 그래서 저는 청소년 여러분이 조금 더 현명하게, 자기에게 맞는 병원을 선택할 수 있었으면 좋겠어요. 이 책을 쓰는 이유도, 바로 그걸 도와주고 싶어서예요.

요즘은 성형외과의 문턱이 낮아져서 너무 어린 나이에 수술을 받는 친구들도 늘어나고 있어요. 그중에는 필요하지 않은 수술을 권유받거나, 과한 수술을 받았다가 부작용으로 힘들어하는 친구들도 있고요. 저는 그런 친구들을 병원에서 종종 만나게 되는데, 그럴 때마다 마음이 아프죠. 성형수술은 단순히 겉모습을 바꾸는 일이 아니에요. 그 선택이 내 마음과 삶 전체에 영향을 주기 때문에 정확한 진단과 충분한 상담이 꼭 필요해요. 따뜻한 말 한마디도 중요하지만, 그보다 더 중요한 건 '나에게 진짜 필요한 수술인지', 그리고 '안전하고 신중하게 진행되는 수술인지'를 꼼꼼히 따져보는 거예요. 예를 들어, 내가 쌍꺼풀 수술만 원했는데 상담을 받다가 눈매교정 수술까지 해야 한다는 말을 들었다면 한 번 더 생각해 봐야 해요. 물론 진짜로 눈매교정이 필요한 친구도 있지만, 꼭 하지 않아도 되는 경우도 많거든요. 그런데도 무조건 "해야 한다"고만 말한다면 그건 조금 더 신중하게 판단해 봐야 해요. 중요한 건 의사 선생님이 "왜 이 수술이 필요한지", "내 눈엔 어떤 변화가 생기는지"를 정확하고 합리적으로 설명하는지 살펴보는 거예요.

또 한 가지, 아주 작은 비대칭이나 눈에 띄지 않는 문제를 크게 과장해서 설명하거나, 생각도 안 했던 부위까지 수술을 권유하는 거예요. 이럴 땐 당황해서 바로 결정하지 말고, 잠시 멈춰 한 걸음 물러나 '정말 이 수술이 필요한 걸까?' 다시 생각해 보는 게 좋아요.

그리고 수술 비용이 지나치게 저렴한 곳도 조심해야 해요. 왜냐하면 성형수술은 단순히 값싼 제품을 사는 일이 아니거든요. 비용 안에는 의사의 실력, 경험, 사용하는 재료, 수술 후 관리까지 다 포함되어 있어요. 너무 저렴한 곳은 그만한 이유가 있을 수밖에 없어요.

무엇보다 중요한 건, '내 얼굴에 어울리는 모습을 찾아 주려고 노력하는 병원인지'예요. 사람마다 얼굴도 다르고 이미지도 다르잖아요? 누구나 똑같은 쌍꺼풀, 똑같은 코는 있을 수 없어요. 그래서 저는 항상 '이 얼굴에서 가장 조화롭고 자연스러운 모습은 뭘까?' 이걸 깊이 고민해요.

마지막으로, 광고만 보고 병원을 고르는 건 절대 추천하지 않아요. 결국 수술하는 사람은 '병원'이 아니라 '원장님'이니까요. 그 선생님이 어떤 수술을 해 왔는지, 얼마나 많은 케이스를 다뤄 봤는지, 꼼꼼하게 수술하는 분인지, 이런 걸 살펴보는 게 훨씬 더 중요한 기준이에요. 이렇게 하나하나 따져보면, 조금 더 안전하고, 후회 없는 선택을 할 수 있어요.

미용 성형은 언제 하는 게 좋을까요?

편 미용 성형은 언제 하는 게 좋을까요?

류 요즘 눈이나 코 성형에 관심을 가지는 청소년들이 정말 많아요. 하지만 그럴수록 꼭 기억해야 할 중요한 점이 있어요.

첫 번째, 성장이 다 끝난 다음에 수술해야 해요. 눈은 보통 중학교 2~3학년, 코는 고등학교 2~3학년쯤이면 성장이 마무리돼요. 그 시기 이후에 수술해야 뼈나 연골이 자라면서 모양이 틀어지는 걸 막을 수 있고, 더 안정적인 결과가 나와요. 예전에 고등학교 1학년 때 코 수술을 했다가, 성장하면서 코뼈가 휘어 버린 친구도 있었어요. 그래서 반드시 성장이 다 끝난 후 수술하는 게 좋아요.

두 번째, 너무 어린 나이의 성형은 마음에도 영향을 줄 수 있어요. 어릴 때부터 외모에 너무 집중하게 되면, '거울 속의 내가 나의 전부'처럼 느껴질 수도 있어요. 그렇게 되면 성장 과정에서 생기는 자연스러운 변화조차 불안하게 느껴지고, 아주 작은 차이에도 예민해져서 자꾸만 고치고 싶어질 수도 있어요. 이건 단순히 얼굴의 문제가 아니라 나 자신을 있는 그대로 받아들이는 마음에도 영향을 줄 수 있다고 생각해요.

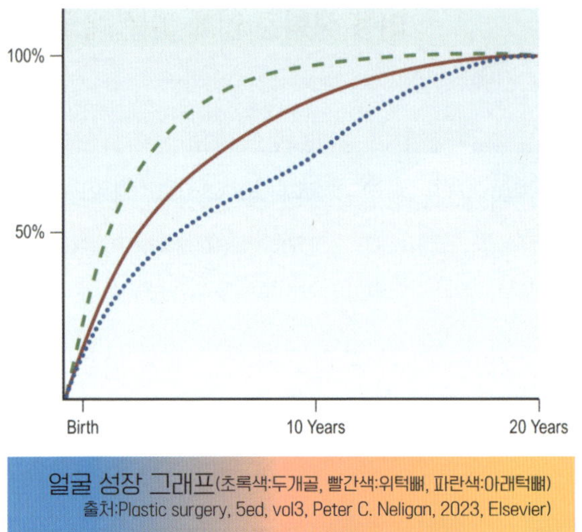

얼굴 성장 그래프(초록색:두개골, 빨간색:위턱뼈, 파란색:아래턱뼈)
출처:Plastic surgery, 5ed, vol3, Peter C. Neligan, 2023, Elsevier)

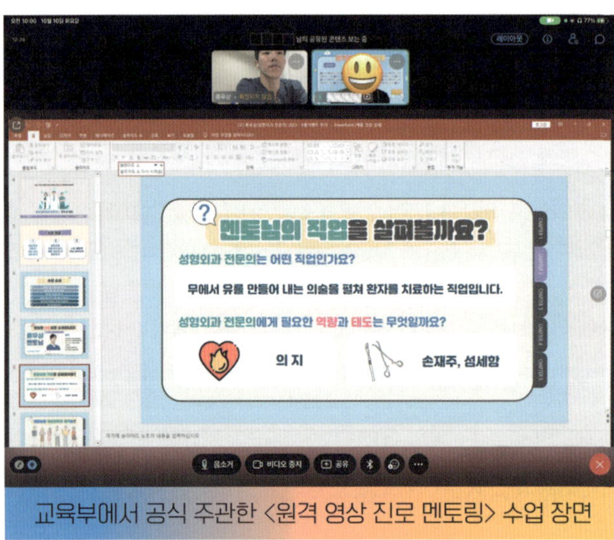

교육부에서 공식 주관한 〈원격 영상 진로 멘토링〉 수업 장면

게다가 예상하지 못한 부작용이 생긴다면, 어린 나이에 감당하기엔 정말 어려울 수도 있어요. 학교생활, 친구 관계, 자존감에도 영향을 줄 수 있고요.

그래서 저는 상담 오는 학생들과 부모님께 "지금은 조금 더 기다려 보자", "몸도 마음도 충분히 자란 후에 정말 준비가 되었을 때 수술을 결정해도 늦지 않아요"라고 말해요. 그리고 그런 친구들이 나중에 다시 찾아오면 원하는 방향으로, 자연스럽고 아름답게 가장 어울리는 모습을 만들어 줄 수 있는 거죠.

수술보다 더 중요한 건, 지금의 나를 이해하고 건강하게 성장해 가는 거에요. 지금 이 순간, 있는 그대로의 '나도 충분히 괜찮다'라는 걸 잊지 않았으면 좋겠어요.

쌍꺼풀 테이프나 쌍꺼풀 액이
수술에 영향을 주나요?

편 쌍꺼풀 테이프나 액이 수술에 영향을 주나요?

류 쌍꺼풀 테이프나 액을 쓰면 눈이 또렷하고 예뻐 보여서, 자꾸 쓰고 싶어지는 마음은 충분히 이해해요. 하지만 매일 습관처럼 사용하다 보면 눈꺼풀에 부담이 되고, 피부가 점점 늘어날 수 있어요. 원래는 간단한 '비절개 수술'만 해도 충분했을 눈이, 피부가 늘어나서 결국 절개 수술이 필요한 경우로 바뀌기도 해요. 또한 테이프나 액을 붙였다 떼는 걸 반복하면 피부가 자극을 받아서 두꺼워지고, 질겨질 수 있어요. 이런 경우 수술을 하더라도 결과가 깔끔하지 않거나, 흉터가 더 남을 수 있어요.

그래서 저는 "꼭 필요한 날에만 사용하세요"라고 조언하고 싶어요. 발표나 중요한 약속이 있는 날, 가끔 사용하는 정도면 괜찮아요. 내 눈을 아껴주는 그 시간이 나중엔 더 빛나는 나를 만들어 줄 거예요.

선생님이 환자에게 어울리는
눈과 코를 찾는 특별한 방법이 있나요?

편 선생님이 환자에게 어울리는 눈과 코를 찾는 특별한 방법이 있나요?

류 아무리 예쁜 눈, 높은 코라도 환자의 얼굴과 잘 어울리지 않으면 오히려 어색해 보여요. 그래서 성형에서는 단순히 '예쁘게'가 아니라, '환자의 얼굴에 잘 어울리게' 만드는 게 가장 중요해요.

먼저 눈 성형은 단순히 쌍꺼풀을 만드는 걸 넘어서 눈 전체의 비율과 조화를 보는 과정이에요. 저는 진료할 때 눈의 가로와 세로의 길이, 눈과 눈 사이의 거리, 눈썹과의 간격, 몽

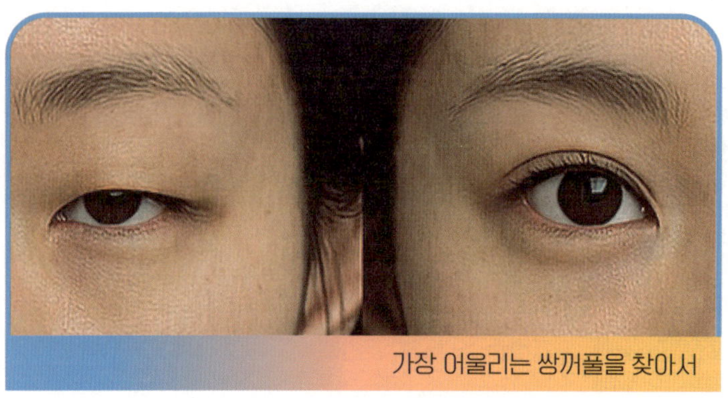

"

고주름의 유무, 눈두덩이 지방의 양, 검은 눈동자가 잘 보이는지, 눈 모양이 졸려 보이진 않는지 등을 꼼꼼히 살펴요. 쌍꺼풀도 단순히 '있다, 없다'보다는 라인의 두께, 모양, 시작점과 끝나는 위치 등 그 사람의 눈 구조와 잘 어울리는지를 중요하게 봐요.

예를 들어 속쌍꺼풀이 잘 어울리는 눈도 있고, 자연스럽게 겉으로 보이는 라인이 잘 어울리는 눈도 있어요. 이걸 하나하나 확인하고 고민하다 보면 자연스럽게 그 사람만의 분위기와 잘 어울리는 눈을 찾아낼 수 있어요.

다음으로 코는 얼굴의 중심이자 입체감을 만들어주는 핵심 구조예요. 그런데 코가 높다고 무조건 예쁜 건 아니에요. 얼굴 전체 분위기와 잘 어우러지는 높이와 모양이 중요하죠. 저는 특히 '코의 3가지 곡선'을 중요하게 봐요. 이마에서 콧대로 이어지는 곡선이 부드러운지, 코끝이 너무 뾰족하지 않고 자연스러운지, 코끝에서 입술로 이어지는 라인이 부드러운지, 이렇게 세 가지가 조화롭게 잘 어울려야 수술한 티도 안 나고 얼굴 전체도 자연스럽게 보여요. 만약 이마에서 콧대로 내려오는 라인이 직선의 형태면 '아바타 코', 또는 '분필 코'처럼 보이고, 코끝이 뾰족하면 수술한 티가 많이 나 보이는 식이죠.

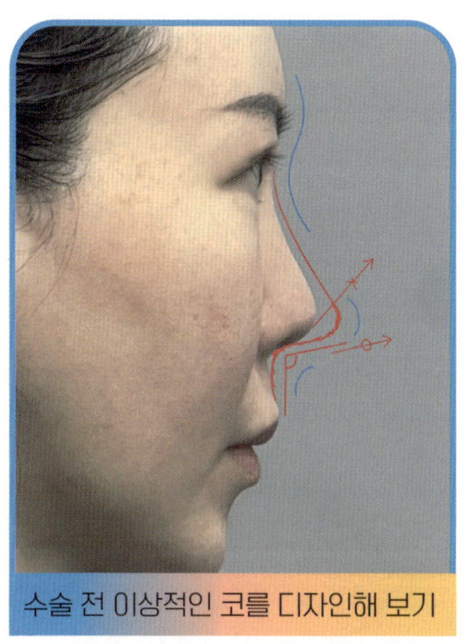

물론 코의 높이와 라인의 형태도 중요해요. 하지만 더 깊이 들어가면 따져 봐야 할 게 정말 많아요.

코 피부가 얼마나 늘어날 수 있는지, 콧대가 감당할 수 있는 높이는 어디까지인지, 또 코끝이 너무 뾰족하거나 들려 있지는 않은지 꼼꼼히 살피죠.

여기에 '직선, 반버선, 직반버선' 중 어떤 라인이 어울리는지, 정면에서 콧구멍이 너무 많이 보이진 않는지, 코와 얼굴 길이의 비율이나 콧볼과 눈 사이의 간격은 적당한지 등….

이렇게 다양한 요소를 하나하나 따져 봐야지만, 무작정 높기만 한 코가 아니라 얼굴 전체에 자연스럽게 어울리는 코를 찾아낼 수 있거든요..

결론은 '예쁘다'는 건 절대적인 기준이 아니에요. 나에게 어울리는 눈과 코는 내 얼굴과의 조화 속에서 결정돼요. 그래서 진료실에서 환자와 마주 보고, 눈과 얼굴을 직접 보면서 그 사람만의 분위기와 균형을 찾아가는 게 중요해요. 그렇게 진심을 담아 고민하고, 세세한 균형을 고려하다 보면 티 나지 않게, 자연스럽고 조화로운 진짜 '나답고 예쁜 얼굴'을 만들 수 있다고 믿어요.

성형외과 의사는 사람의 외모에서
무엇을 가장 먼저 보나요?

편 성형외과 의사는 사람의 외모에서 무엇을 가장 먼저 보나요?

류 많은 사람이 성형외과 의사는 '쌍꺼풀이 있나?', '코가 낮나?' 이런 특정 부위부터 본다고 생각해요. 물론 눈, 코 같은 세부적인 부분도 중요하지만, 저는 항상 전체적인 조화와 균형을 먼저 봅니다.

얼굴은 하나의 그림 같아요. 눈, 코, 입이 각각 따로 존재하는 게 아니라 서로 영향을 주고받으며, 하나의 인상을 만들어 내죠. 아무리 눈이 크고 코가 높아도 얼굴 전체에서 조화를 이루지 않으면 어색해 보여요.

반대로 눈이 조금 작거나 코가 낮더라도 그 사람 얼굴에 어울리면 훨씬 매력적으로 보일 수 있어요. 그래서 저는 어느 부위가 예쁜지보다 얼굴 전체 안에서 얼마나 자연스럽고 조화롭게 어울리는지를 먼저 봐요.

또 하나 중요한 건 그 사람만의 '분위기와 인상'이에요. 어떤 표정을 주로 짓는지, 말투나 풍기는 느낌이 밝은지, 부드러운지까지 세심하게 살펴요. 이런 요소들이 얼굴과 조화를 이

레오나르도 다 빈치 '모나리자'
(비례와 균형을 통한 얼굴의 조화로움을 대표하는 작품)

뤄야 비로소 진짜 '나다운 얼굴'이 탄생하니까요. 그래서 성형은 단순히 '고치는 것'이 아니라, 그 사람의 분위기와 개성을 더 빛나게 해 주는 일이라고 생각해요. 그 조화를 해치지 않으면서, 더 자연스럽고 빛나게 만들어주는 것, 그게 성형외과 의사의 가장 중요한 역할이라고 생각해요.

성형수술의 부작용에는 어떤 것들이 있을까요?

편 성형수술의 부작용에는 어떤 것들이 있을까요?

류 성형수술의 부작용은 생각보다 다양하고, 실제로 많은 환자가 그로 인해 힘들어하죠. 저 역시 10년 넘게 진료를 해 오면서, 부작용으로 괴로워하는 환자를 자주 만나게 됩니다. 그런 환자들의 상처를 치료하고, 다시 웃을 수 있도록 돕는 것이 제 역할이자 책임이라고 생각해요.

가장 흔한 문제는 수술 결과가 기대와 다를 때예요. 예를 들어, 쌍꺼풀 수술 후 양쪽 눈이 비대칭이 되거나, 흉터가 진하게 남고 수술한 티가 많이 나는 경우가 있어요. 눈매교정이 과하게 되면 눈이 너무 떠져 보이거나, 라인이 부자연스럽게 꺾이는 일도 있죠. 트임이 과해져 오히려 어색해 보일 수도 있고요.

코 수술에서도 부작용은 다양해요. 코가 휘거나, 코끝이 처지거나, 감염이나 염증이 생길 수도 있어

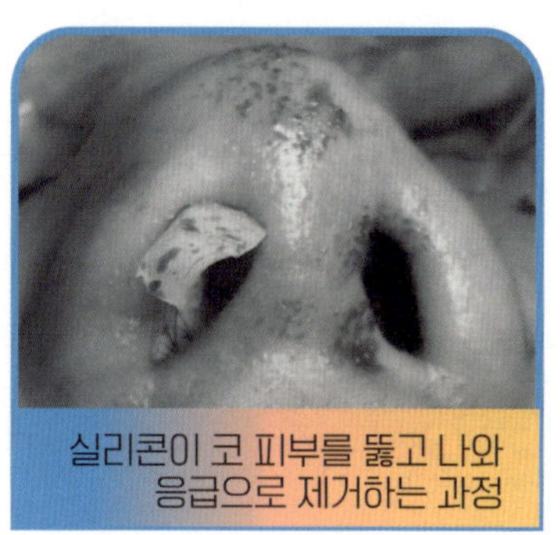

요. 이런 문제들은 대부분 수술 전에 충분한 상담을 하고, 정확한 계획을 세웠다면 피할 수 있었던 경우가 많아요. 그래서 더 안타깝죠.

저는 진료 초반부터 아주 꼼꼼하게 살피고, 계획을 세우는 데 많은 시간을 들여요. 그렇게 세심하게 준비하고 문제를 예방하며, 혹시 생긴 문제는 잘 해결해 나갈 때 가장 큰 보람을 느낍니다.

성형에도 유행이 있나요?

편 성형에도 유행이 있나요?

류 네, 성형에도 유행이 있어요. 어떤 시기엔 화려한 모습이, 또 어떤 시기엔 자연스럽고 부드러운 분위기가 인기를 끌죠. 특히 그 시기에 주목받는 연예인이나 셀럽의 이미지가 유행을 이끌죠. 예를 들어, 7~8년 전엔 자연스러운 인아웃 쌍꺼풀 라인이 유행했어요. 그러다 3~4년 전쯤엔 세미아웃처럼 살짝 화려한 라인이 인기를 끌었죠. 그런데 최근에는 다시 자연스럽고 부드러운 쌍꺼풀을 선호하는 분위기로 바뀌고 있어요. 그래서 과거에 화려하게 수술했던 사람들이 요즘은 더 자연스러운 라인을 만들기 위해 재수술을 하기도 해요. 코도 마찬가지예요. 10년 전쯤에는 화려하고 높게 세운 코가 유행이었지만, 요즘은 자연스럽고 조화로운 코, 그러면서도 충분히 입체감 있는 스타일을 더 선호해요.

결국 중요한 건 유행을 따르기보다는 자신에게 어울리는 모습을 찾는 거예요. 유행은 시간이 지나면 달라지지만, 내 얼굴은 평생 함께하니까요. 자연스럽게 내 분위기와 잘 어울리는 모습, 그게 결국 오래 사랑받는 진짜 아름다움이라고 생각해요.

성형외과 의사가 생각하는
아름다움이 궁금해요

편 성형외과 의사가 생각하는 아름다움이 궁금해요.

류 성형외과 의사로서 매일 다양한 얼굴을 보고, 수없이 아름다움에 대해 고민하지만 제가 생각하는 아름다움은 단순히 눈이 크거나 코가 높은 것만은 아니에요. 진짜 아름다움은 조화로움과 자연스러움, 그리고 그 사람만의 분위기에서 나와요. 눈, 코, 입이 각각 예쁜 것보다 얼굴 전체가 조화롭게 어우러지고, 그 안에서 자연스러운 표정과 따뜻한 인상이 느껴질 때, 우리는 그 사람을 진짜 아름답다고 느끼게 되죠.

요즘은 많은 사람이 유행하는 얼굴이나 유명인의 이미지를 따라가려 해요. 물론 그것도 나름의 기준이 될 수 있지만, 결국 가장 나다운 아름다움은 내 얼굴, 내 분위기, 내 개성 안에서 찾아야 해요. 그 과정을 통해 우리는 자신을 더 잘 이해하게 되고, 자신을 더 많이 아끼고 사랑하게 되거든요. 그래서 저는 진료할 때, 단순히 '예쁜 얼굴'을 만드는 것이 아니라 그 사람 안에 이미 존재하는 아름다움을 발견해 주는 것을 더 중요하게 생각해요.

성형외과 의사의 역할은 단순히 외모를 바꾸는 게 아니라,

그 사람이 가진 장점을 살리고, 자연스럽게, 가장 나다운 모
습을 찾아주는 일이라고 믿어요.

*이미지 출처 : 네이버 블로그 <류우상 원장의 '아빠는 오늘도 수술 중'>

· 보톡스 시술

얼굴 근육에 보톡스를 주사해 근육의 움직임을 억제함으로써 주름을 예방하거나, 근육의 크기를 줄여 주는 주사 시술(턱 보톡스, 이마 보톡스 등)

· 필러 시술

볼륨이 없는 부위에 필러를 주입하여 볼륨을 만들어주는 시술 (이마, 입술 등)

· 비절개 쌍꺼풀 수술(자연 유착)

눈꺼풀 위에 작은 구멍만 만들어 실을 통과시켜 쌍꺼풀을 만드는 수술 방법

· 절개 쌍꺼풀 수술

눈꺼풀 위에 절개선을 넣고 조직을 직접 묶어서 쌍꺼풀을 만드는 수술 방법

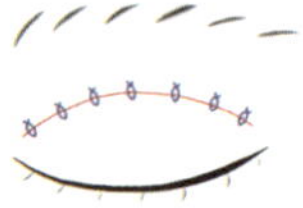

· 눈매 교정 수술

눈동자가 작게 보여 졸려 보이는 눈을
검정 눈동자가 크게 보이게 해서 또렷
하게 만들어주는 수술

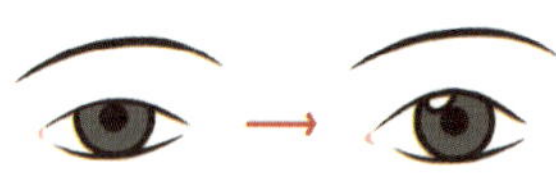

· 몽고주름

눈앞 부분을 덮고 있는 피부주름

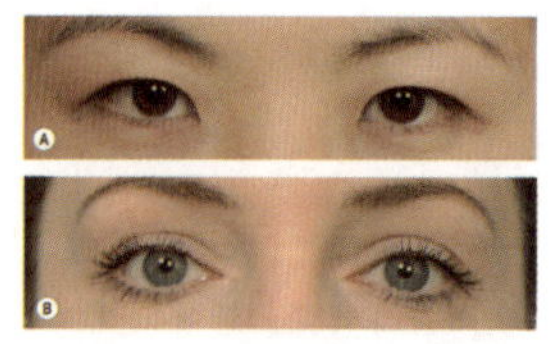

· 앞트임, 위 트임

몽고주름을 조작해서 눈 앞쪽 공간을
넓게 하는 수술

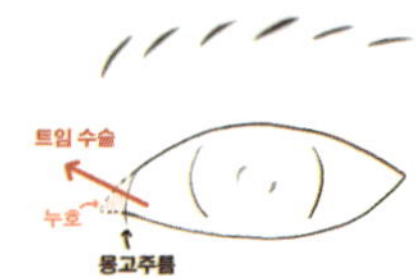

· 뒤트임, 밑 트임, 뒤 밑 트임

눈의 바깥쪽 공간을 열어 눈 가로 길이
를 늘여주는 수술

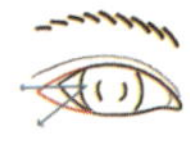

· 인라인, 인아웃라인

앞쪽이 덮이고 바깥쪽만 보이는 인라인, 앞쪽부터 라인이 보이며 바깥쪽까지 뻗어가는 인아웃 라인

· 세미아웃라인, 아웃라인

앞 라인이 눈꼬리에서 떨어져서 시작하는 세미아웃, 세미아웃보다 더 두껍게 앞 라인이 시작하는 아웃라인

· 실리콘 보형물

실리콘 소재로 콧대를 높이기 위해 사용하는 재료

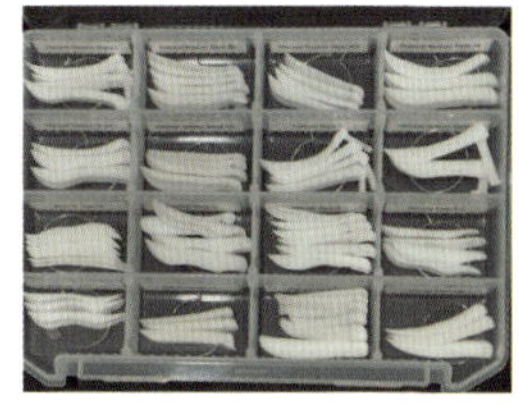

· 연골

코끝을 높이는 데 사용하는 인체의 조직 중 하나

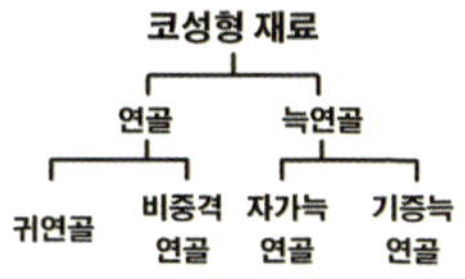

· 복코 수술

뭉뚝하고 퍼진 코를 부드럽고 얄쌍스럽게 만드는 수술

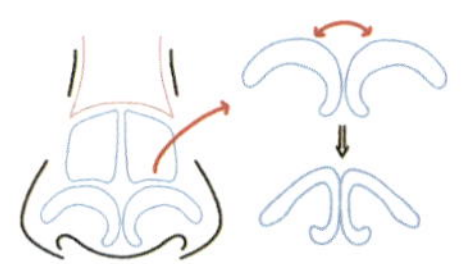

· 매부리코 수술

콧등이 튀어나온 코를 교정해 주는 수
술

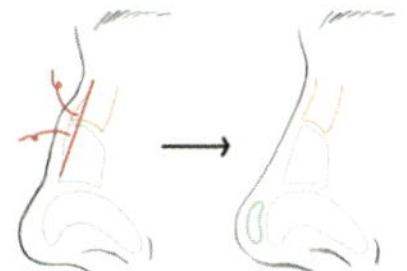

· 콧볼 축소 수술

넓은 콧볼을 줄여주는 수술

· 비순각

코의 기둥과 입술의 각도

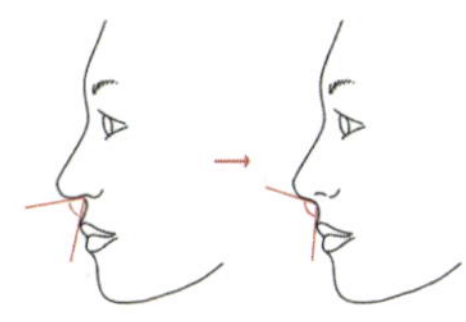

· 직선라인, 직반버선라인

콧대에서부터 직선으로 내려오는 직선
라인(남성들 선호). 직선으로 내려오면
서 코끝만 살짝 올라간 직반버선라인
(여성들 선호)

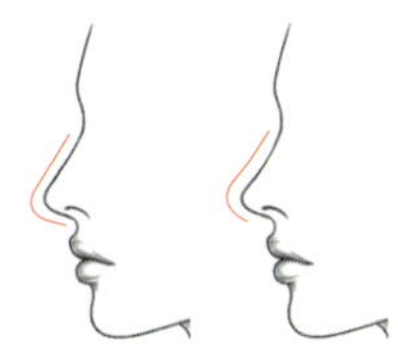

· 반버선라인, 버선라인

곡선이 직반버선라인보다 더 있으면서
화려한 반버선라인. 곡선이 반버선라
인보다 더 있는 버선라인

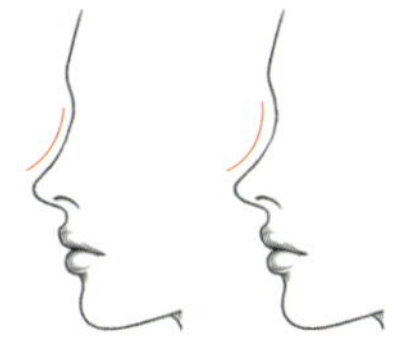

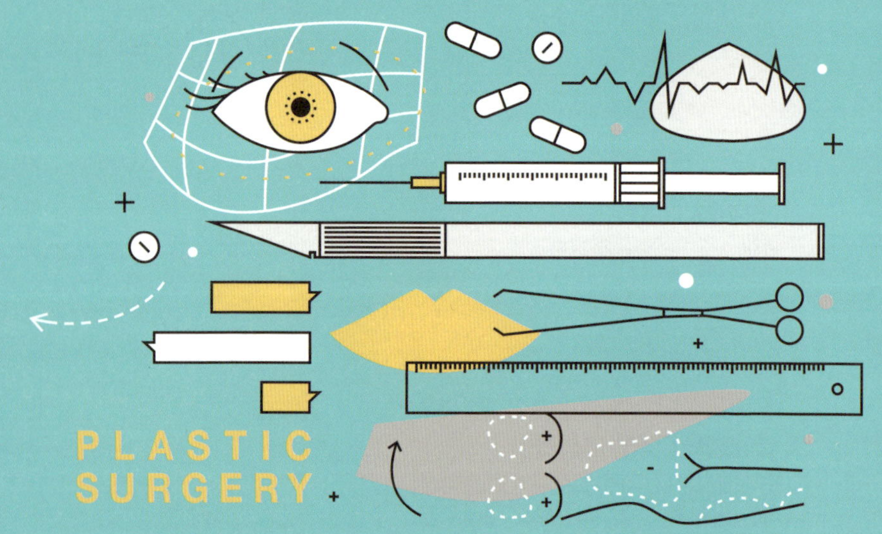
PLASTIC
SURGERY

성형외과 의사 류우상 스토리

편 학창 시절에는 어떤 학생이었나요?

류 학창 시절의 저는 밝고 쾌활한 에너지를 가진 학생이었어요. 어떤 일이든 긍정적으로 받아들여서, 항상 웃음을 잃지 않았던 아이로 기억돼요. 친구들과도 잘 어울렸고, 누군가 어려움을 겪으면 먼저 다가가 도우려 했던 것 같아요. 그래서 자연스럽게 많은 친구들과 친하게 지낼 수 있었고, 좋은 관계도 유지할 수 있었죠.

그리고 어떤 일이든 열심히 했어요. 그게 노는 것이든 공부하는 것이든 마찬가지였죠. 애매하게 시간을 보내는 걸 싫어해서, 놀 땐 신나게 놀고, 공부할 땐 집중해서 했어요. 매 순간을 의미 있게 보내고 싶었거든요. 그런 태도가 자연스럽게 좋은 결과로 이어졌어요.

지금 돌아보면, 그 시절의 제가 있었기에 지금의 저도 있는 것 같아요. 주변을 밝게 만들고, 맡은 일에 최선을 다하는 것은 과거에도, 지금도 지켜 오고 있는 태도예요. 그리고 앞으로도 계속 그러고 싶어요.

편 가장 좋아했던 과목과 어려워했던 과목은 무엇인가요?

류 제가 가장 좋아했던 과목은 영어였어요. 어릴 땐 영어 선생님이 되고 싶다는 장래 희망도 가졌었죠. 다른 나라의

언어를 배우면서 문화를 함께 알아가는 재미가 있었고, 솔직히 말하면 영어를 잘하면 뭔가 멋있어 보여서 더 잘하고 싶었던 것도 있었어요.

저는 문법 위주로 공부하기보다는 문장을 통째로 외우고, 단어만 바꿔 가며 말하는 방식으로 연습했어요. 예를 들어, "I want to go to the park"라는 문장을 여러 번 말하며 익숙해진 뒤, 'park' 대신 'library', 'movie theater' 같은 단어로 바꿔서 말해 보는 식이었죠. 그렇게 하면 한 문장만 외워도 다양한 상황에 쓸 수 있었고, 자연스럽게 실력도 늘었던 것 같아요. 그리고 그 한 문장만큼은 꼭 영어 잘하는 사람처럼 발음하려고 연습했던 것도 저만의 작은 재미였어요.

반대로 가장 어려웠던 과목은 국어였어요. 국어 자체가 어렵다기보다는 항상 모의고사의 첫 번째 과목이라 부담이 컸어요. 시험이 시작되면 긴장한 상태에서 감도 못 잡고 문제를 풀다 보니 실수가 잦았죠. 그래서 공부할 때는 실력만큼이나 컨디션 조절과 긴장 푸는 연습도 중요하다는 걸 느꼈어요.

편 공부하다가 슬럼프가 올 때 어떻게 극복했나요?

류 공부하다 보면 슬럼프는 누구에게나 찾아와요. 저도 예외는 아니었죠. 그럴 땐 억지로 버티기보다는 과감히 멈췄어

푸른 하늘 선후배와 함께한 축구 경기

요. 완전히 멈추고 충분히 쉬는 게 오히려 더 멀리 나아갈 힘이 되더라고요.

저만의 루틴도 있었어요. 평일엔 집중해서 공부하고, 토요일 오후는 쉬는 시간으로 정해 뒀죠. 일요일엔 다음 주를 준비하며 정리했고요. 이렇게 리듬을 만들면 '토요일엔 쉴 수 있다'는 기대가 생겨서 평일에도 더 집중할 수 있었어요. 매일 공부만 할 수는 없잖아요. 열심히 한 만큼 보상도 필요해요. 꼭 특별하지 않아도 돼요. 좋아하는 걸 자유롭게 하는 것만으로도 충분하니까요. 저는 평일에 하고 싶은 축구, 게임, 영화등을 메모해 뒀다가 토요일 오후에 실컷 즐겼어요.

공부는 단거리 경주가 아니라 장거리 마라톤이에요. 오래가는 힘이 중요하죠. 저는 지금까지 계속 공부하고 있어요. 더 좋은 의사가 되기 위해서요. 여전히 토요일 오후는 저만의 휴식 시간을 지키고 있고요. 슬럼프가 오면 무조건 참기보다 잠시 멈춰 보세요. '나만의 쉼표'를 만드는 것, 그것만으로도 큰 힘이 될 거예요.

편 학창 시절에 가장 기억에 남는 일이나 사람은 누구인가요?

류 가장 먼저 떠오르는 사람은 지금의 아내예요. 언제나 곁에서 묵묵히 응원해 주는, 제 인생의 가장 큰 힘이죠. 우리는 본과 4학년 때 국가고시 실기시험을 준비하면서 같은 조가 되었고, 함께 공부하며 자연스럽게 가까워졌어요. 마음이 잘 통해서 함께하는 모든 순간이 즐거웠고, 진심으로 서로를 아 꼈어요. 인턴이 끝날 무렵 결혼했고, 지금도 늘 감사한 마음 이에요.

그리고 대학교 시절엔 동아리 활동도 큰 추억으로 남아 있 어요. '푸른하늘'이라는 축구 환경기행 동아리에서 활동했는 데, 함께 여행도 하고 축구도 하면서 정말 즐겁게 지냈어요. 경기 땐 동아리의 자존심을 걸고 다른 팀과 치열하게 겨루 기도 했죠. 무엇보다도, 그 시절 함께했던 동기들과의 추억이 소중해요. 아직도 그 인연이 이어져, 마흔 살이 넘은 지금도 여전히 선후배들과 축구를 즐기며 행복을 나누고 있어요.

편 친구들과 어떤 재미있는 추억들이 있나요?

류 고등학교 시절, 관악반 동아리에서의 추억이 가장 기억 에 남아요. 저는 클라리넷을 연주하면서 지휘도 맡았는데, 30~40명의 친구들과 함께 서울시 동아리 대회에 출전해 입 상하기도 했죠. 다들 공부로 바쁜 시기라 연습 시간이 부족 했지만, 점심시간 종이 치면 밥을 후다닥 먹고 동아리방으로 달려가 함께 연습했어요. 그때 웃고 떠들며 맞췄던 악기 소리가 하나로 어우러져 멋진 음악이 되었던 순간은 지금도 생생하게 기억나요.

의학전문대학원에서는 록밴드 동아리에서 드럼을 맡았어요. 회장도 맡아 매년 공연을 준비했죠. 공부로 바쁜 와중에도 무대에 오르며 함께 음악을 맞췄던 시간이 지금도 소중한 추억이에요. 한창 슈퍼스타K가 유행하던 시절엔 출연 제의도 받았어요.

돌아보면 학창 시절 내내 음악 활동을 놓지 않았던 것 같아요. 저에게 음악은 단순한 취미를 넘어, 감정을 표현하고 스트레스를 풀며 내면을 다지는 중요한 통로였어요. 그런 예술적 경험들이 지금도 큰 힘이 되고, 환자를 더 섬세하고 따뜻하게 바라보는 데 도움을 주고 있어요.

그리고 의사국가고시를 앞두고 있었을 때 일이 하나 떠올라요. 친한 친구 한 명과 저는 끝까지 공부를 안 하고 있었는데요. 교수님께서 걱정이 되셨는지 결국 저희를 따로 부르셨어요. 그래도 우리는 자신이 있었고, 결국 성형외과와 이비인후과에 합격했죠. 그런데 나중에 교수님께서 저희에게 후배들 앞에서 강의해 달라고 하셨어요. 이유를 여쭤보니, "공부는 부족했지만, 너희의 인성과 태도에서 배울 점이 많다"라고

HERMES
飛翔 경상대학교 의학전문대학원 Rock Band HERMES

하시더라고요. 정말 감동했어요. 우리를 단순한 성적으로만 평가하지 않고, 사람 자체를 봐 주셨다는 게 느껴졌거든요. 그 강의 이후에 자교 인턴 지원율이 높았다는 이야기를 들었을 땐 더 뿌듯했어요.

편 성형외과에 관심을 갖게 된 계기는 무엇이었나요?

류 처음부터 성형외과를 꿈꿨던 건 아니에요. 사실 저는 소아과 의사가 되고 싶었어요. 아이들을 보기만 해도 기분이 좋아지고 마음이 평화로워졌거든요. 성형외과는 관심도 없었고, 워낙 경쟁이 치열해 생각조차 하지 않았죠.

그런데 본과 3학년이 끝날 무렵, 인생의 전환점이 찾아왔어요. 기초 과목 또는 임상 과목 중 2주 동안 원하는 과에서 실습할 기회가 있었는데, 출석률 순으로 원하는 과를 선택할 수 있었어요. 가장 인기가 있는 과는 '기생충학'이었어요. 실습 2주 동안 출석이 단 이틀뿐이라 다들 몰렸죠. 그때 친한 친구가 "성형외과 한번 같이 해 보자"라고 했어요. 성형외과는 너무 힘들다며 아무도 선택하지 않았지만, 저는 친구와 추억이나 쌓자고 신청했죠.

실습은 정말 바빴고, 정신없었어요. 그런데 점점 그 안에서 매력을 느끼기 시작했어요. 섬세한 손기술, 환자의 얼굴과 몸이 회복되는 과정이 인상 깊었고, 교수님들과 전공의 선생님들을 보며 이 길에 끌리기 시작했어요. 그 2주가 끝날 무렵, 저는 성형외과에 진심으로 관심을 가지게 됐어요. 친구의 한마디와 우연히 선택한 실습이 결국 제 진로를 바꿨죠. 소아과를 꿈꾸던 저는 아이들을 좋아하는 성형외과 의사가 되었어요.

우연일까요? 어쩌면 운명이었는지도 모르겠네요.

편 성형외과의 어떤 특성이 본인의 성향과 잘 맞는다고 느꼈나요?

류 제가 성형외과를 선택한 데는 몇 가지 특별한 이유가 있어요. 성형외과의 기본은 '봉합', 즉 상처를 꿰매는 일이에요. 의료용 실과 가위, 집게 같은 기본 도구만 있으면 제 손으로 직접 환자의 상처를 치료할 수 있고, 눈으로 환자가 회복하는 걸 볼 수 있다는 것에서 큰 보람을 느꼈어요.

특히 전공의 1년 차가 되면 응급실에서 직접 진단하고, 봉합하며 치료까지 맡게 되는데요. 이렇게 처음부터 직접 수술에 참여할 수 있다는 건 외과 중에서도 성형외과만의 강점이라고 생각했어요. 저처럼 꼼꼼한 성격과도 잘 맞았고, 섬세한 수술을 통해 사람의 외형과 기능을 회복시키는 일이 정말 매

력적으로 느껴졌죠. 인턴 시절, 상처를 하나하나 꿰매던 전공
의 선생님들을 보면서 '나도 이 일을 평생 하고 싶다'라는 꿈
을 키우게 됐어요.

편 의국(의무(醫務)를 다루는 부서) 분위기는 어땠나요?

류 지금 제가 성형외과 전문의로 진료할 수 있는 건, 경상대
학교 병원에서 수련받던 시절 저를 이끌어 주신 스승님 덕분
이에요.

당시 의국에는 교수님 세 분, 전공의 세 명, 간호사 한 분
이 함께 있었고, 우리 모두가 경남 권역외상센터에서 성형외
과를 책임졌죠. 인원이 적다 보니 더 끈끈했고, 늘 따뜻한 분
위기였어요. 특히 기억에 남는 건 매주 목요일 점심시간이에
요. 특별한 일이 없으면 병원 식당에 다 같이 모여 일상 이야
기를 나누며, 식사를 하고, 차를 마셨죠. 그 시간은 단순한
점심시간이 아니라, 서로를 더 이해하고 유대감을 쌓는 소중
한 시간이었어요. 지금도 그 따뜻했던 목요일 점심이 그리울
때가 있어요.

편 교수님은 어떤 분이셨어요?

류 전공의 1년 차 때, 4년 차 선배가 이런 말을 해 줬어요.

"교수님들께 한 가지씩 장점만 배워도 너는 훌륭한 성형외과 의사가 될 거야." 그 말처럼, 세 분 교수님 모두 각기 다른 강점을 가지고 계셨어요.

김준식 교수님은 환자만 생각하시는 분이셨어요. 주말도 없이 매일 회진을 돌고, 환자에게 문제가 생기면 밤낮없이 병원으로 달려오셨죠. 환자에겐 단 한 치의 소홀함도 허용하지 않으셨고, 그 열정이 저희에게 큰 배움이 되었어요.

김남균 교수님은 유머와 센스가 넘치셨어요. 제자들과 나이 차가 많은데도 늘 웃으며 대화할 수 있었고, 환자들도 편안해했죠. 치료 과정에서도 늘 밝은 분위기를 만들어 주셨던 분이에요.

이경석 교수님은 수술 하나하나에 엄청난 정성을 쏟으셨어요. 작은 상처도 1시간 넘게 꿰매실 정도로 섬세하셨고, 그런 모습에서 진짜 프로의 태도를 배울 수 있었어요.

한 분은 헌신, 한 분은 따뜻함, 한 분은 섬세함. 그 세 가지는 지금의 저를 만든 가장 큰 자산이에요.

이 경험을 통해 저는 사람을 볼 때 단점보다 장점에 집중하는 태도가 얼마나 중요한지 알게 됐어요. 생각이 다른 사람이라도 그 안에서 배울 점을 찾다 보면, 더 건강한 관계를 만들 수 있다고 믿습니다.

경상대학교병원 성형외과 의국 사진

편 대학교, 대학원 시절은 어땠나요?

류 정말 즐거웠어요. 친구들과 어울리고, 고민도 나누며 행복한 시간을 보냈죠. 공부보다는 사람에 더 집중했던 시절이었어요.

저는 늘 사람 속에서 배울 점을 찾으려고 노력했어요. 누구나 각자의 강점이 있고, 그걸 발견하면 스스로도 성장할 수 있거든요.

그렇게 만난 친구들이 지금도 인생의 소중한 자산이에요. 예전엔 순수하게 어울리던 친구들이 지금은 각자의 자리에서 멋지게 살아가는 모습이 참 자랑스럽고 감사해요.

편 가정환경은 어떠셨나요?

류 저는 늘 웃음과 따뜻함이 가득한 집에서 자랐어요. 남동생과는 친구처럼 지냈고, 부모님과도 허물없이 대화를 나누는 사이였죠. 가족 모두가 서로를 믿고 의지하며 함께하는 시간이 많았기에, 어린 시절은 행복한 기억으로 가득해요. 물론 늘 평탄하지만은 않았어요. IMF 시절에는 집안 형편이 어려워져 어머니께서 생계를 위해 일을 나가기도 하셨죠. 그래도 부모님은 단 한 번도 힘든 내색을 하지 않으셨어요.

그러던 중, 전문의 시험을 2주 앞두고 아버지께서 심근경색으로 쓰러지셨어요. 평소 당연하게 여겼던 일상이 한순간에 멈춘 듯했고, 시험보다 아버지의 건강이 중요했어요. 강해 보이기만 하셨던 아버지의 눈빛 속에 처음으로 불안함이 보였고, 그 순간 '이제는 내가 아버지를 지켜야겠다'라는 생각이 들었어요. 중환자실에 누워서도 "괜찮다"며 웃으시던 아버지는 다행히 시술이 잘되어 건강을 되찾으셨어요. 우리 가족에게는 큰 시련이었지만, 서로에 대한 사랑과 믿음으로 이겨낼 수 있었죠. 힘든 일은 함께 버티고, 좋은 일은 함께 웃으며 기뻐했던 가족이 있기에, 지금도 함께 여행하며 많은 추억을 만들고 있어요.

돌아보면, 부유하진 않았지만 그보다 더 소중한 사랑과 신뢰, 끈끈한 유대가 제 인생의 가장 든든한 뿌리가 되었어요. 그 따뜻한 울타리 속에서 자란 덕분에 지금의 제가 있을 수 있었죠.

편 부모님께서는 어떤 분이세요?

류 부모님은 언제나 저를 믿고 지지해 주셨어요. 어떤 길을 선택하든, 늘 응원해 주셨죠.

아버지는 원칙을 중요하게 여기시고, 정직하고 도덕적인 분이셨어요. 눈앞의 이익보다 양심과 책임을 우선시하셨고, 약

속은 반드시 지키셨어요. 맡은 일은 끝까지 최선을 다하셨고, 그런 모습에서 정직하게, 성실하게 사는 법을 자연스럽게 배울 수 있었어요.

어머니는 또 다른 방식으로 가족을 지켜 주셨어요. 밝고 유쾌한 에너지로 항상 웃음을 전해 주셨고, 어떤 상황에서도 "괜찮아, 잘될 거야"라는 말로 제 마음을 다독여 주셨어요.

생활력도 강하셔서 어려운 시기에는 묵묵히 가족을 책임지셨고, 늘 든든한 버팀목이 되어 주셨어요.

두 분 모두 저에게는 인생의 큰 스승이에요. 지금의 제가 이렇게 살아갈 수 있는 건, 부모님의 사랑과 믿음 덕분이라고 생각해요. 이 책을 통해 다시 한번 감사하고, 사랑한다는 말을 전하고 싶어요.

편 인생의 멘토는 누구인가요?

류 제 인생의 멘토는 아버지예요. 어릴 적부터 지금까지, 아버지는 말보다 행동으로 삶의 본보기가 되어 주셨죠. 아버지는 책임감이 매우 강하셨어요. 어떤 일이든 시작하셨다면 끝까지 완벽하게 마무리하셨고, 그 과정도 늘 꼼꼼하고 섬세했어요. 작은 것도 그냥 넘기지 않으셨고, 더 나은 결과를 위해 세심하게 다듬으시는 모습이 제게 큰 영향을 주었어요.

사람을 대하는 태도에서도 아버지는 제 기준이 되었어요. 언제나 상대방을 존중하고, 그 관점에서 먼저 생각하셨죠. 아버지의 그런 태도는 제가 의사로서 환자를 대할 때도 그대로 이어지고 있어요.

무엇보다 아버지는 아주 정직한 분이셨어요. 그 정직함은 흔들림 없는 삶의 중심이었고, 그 뿌리는 저희 할아버지에게

서 온 것 같아요. 6.25 참전 군인이셨던 할아버지는 평생을 바르게 사신 분이셨고, 아버지는 그런 할아버지를 닮으셨어요. 그 덕분에 저도 자연스럽게 진료실에서 정직함을 가장 중요한 원칙으로 삼게 되었죠. 가능한 것과 불가능한 것을 분명히 설명하는 것, 그게 진짜 환자를 위한 태도라는 걸 아버지를 통해 배웠어요. 앞으로도 저는 아버지처럼 세상을 바라보며 살아가고 싶어요. 그게 제가 아버지께 드릴 수 있는 가장 큰 감사이자, 누군가에게 좋은 영향을 줄 수 있는 길이라고 믿습니다.

편 선생님께서 꿈꾸는 진료실은 어떤 모습인가요?

류 제가 꿈꾸는 진료실은 단순히 외모를 바꾸는 공간이 아니라, 마음의 평온을 되찾을 수 있는 곳이에요. 겉모습의 변화만큼이나 중요한 건 마음의 회복이라고 생각하거든요. 지친 삶 속에서 다시 희망을 찾고, 자신을 사랑할 수 있는 용기를 얻는 공간이 되었으면 해요.

그래서 제 별명이 '닥터 이너피스Dr. Innerpeace'예요. 외적인 변화뿐만 아니라 내면의 안정과 믿음을 전할 수 있는 진료실을 만들고 싶어요.

요즘은 만족스럽지 못한 결과로 마음의 상처를 안고 살아

가는 분들이 많아요. 때로는 겪지 않아도 될 경험이었기에 더 안타깝죠. 그런 분들의 진심을 읽고, 마음까지 회복할 수 있도록 돕고 싶어요.

또, 무분별한 광고나 과도한 경쟁으로 불필요한 수술을 권하는 현실도 안타까워요. 저는 제 진료실만큼은 꼭 필요한 수술만 권하고, 환자에게 진심으로 도움이 되는 방향을 선택하고 싶어요. 결국 진료의 본질은, 외적인 아름다움뿐 아니라 마음의 안정을 되찾도록 돕는 일이라고 믿습니다.

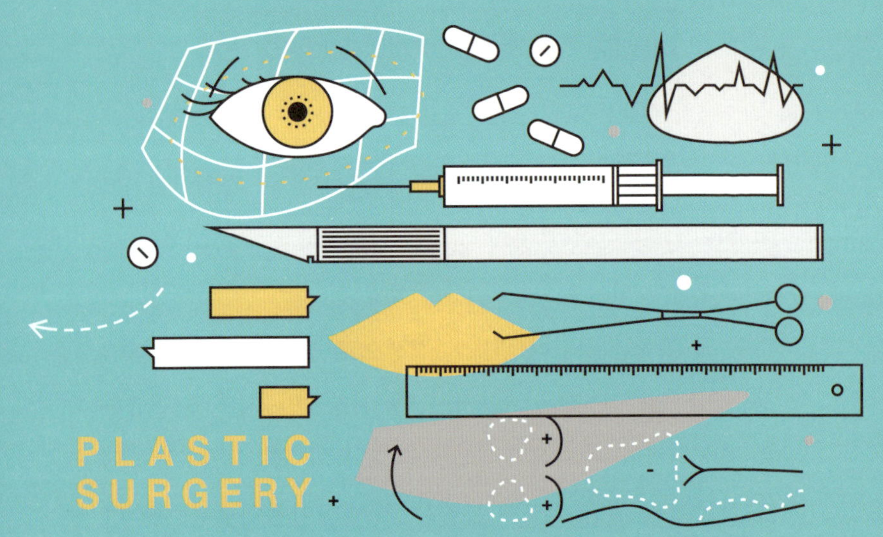
PLASTIC
SURGERY

이 책을
마치며

편 성형외과 의사의 길을 걸어온 자기 자신에게 건네고 싶은 말이 있다면요?

류 누구보다 치열하게 살아온 나에게, 정말 수고 많았다고 말해 주고 싶어요. 넘어지고 흔들릴 때도 있었지만, 그때마다 다시 일어나 한 걸음씩 걸어 왔죠. 지금까지 그래 왔듯, 앞으로도 환자들의 웃음을 떠올리며 내가 할 수 있는 일을 묵묵히 해 나가고 싶습니다.

편 지금까지 장시간의 인터뷰였습니다. 이제 마무리할 시간인데, 소감이 어떠신가요?

류 이 자리에 설 수 있었던 건 무엇보다 저를 이끌어 주신 스승님들 덕분입니다. 경상대학교병원의 김준식 교수님, 김남균 교수님, 이경석 교수님께 진심으로 감사드립니다. 세 분은 철저한 교육과 따뜻한 조언으로 저를 한 사람의 전문의로 성장시켜 주셨고, 그 가르침은 단순한 지식이 아닌, '어떤 의사가 되어야 하는가'를 알려 주는 나침반이 되어 주셨습니다.

또, 사진 공개에 기꺼이 동의해 주신 환자분들과, 함께해 준 동료와 친구들, 선후배에게도 진심으로 감사드립니다. 그리고 긴 시간 동안 묵묵히 곁을 지켜 준 아내, 언제나 응원해 주는 딸 희서와 아들 은호에게도 고맙다는 말을 꼭 전하고 싶어요. 가족이 있었기에 이 책도 더 따뜻하게 완성될 수 있었던 것 같아요.

편 저는 이 인터뷰를 하기 전에는 솔직히 '학생들이 이 책을 보고 성형수술이 하고 싶으면 어떡하지?'하며 걱정도 했습니다. 그런데 선생님께서는 학생들이 성형에 대해 올바로 접근하고 판단할 수 있도록 길잡이를 해주셨어요. 너무 감사드려요.

류 그 이야기, 정말 감사해요. 이 책을 쓴 가장 큰 이유도, 청소년들이 성형을 고민하기 전에 자신을 더 깊이 돌아보고, 있는 그대로의 자신을 사랑할 수 있는 마음을 키우는 데 도움이 되길 바라는 마음에서였어요. 요즘 외모에 대한 고민이 많은 시대잖아요. 혹시 성형을 고민하거나, 수술 후 힘든 마음이 있다면 언제든 연락 주세요. 인스타 DM(@dr_innerpeace)이나 이메일(woosang5244@naver.com)로 보내 주시면 확인하는대로 답변해드릴게요. 여러분의 선택이 후회 없이, 건강하고 만족스러운 결과로 이어지길 진심으로 바랍니다.

편 이 책을 읽는 독자들이 어떤 직업인이 되기를 바라나요?
류 저는 여러분이 직업을 선택할 때, 단순히 일이 아닌 '삶의 의미'를 함께 찾아가길 바라요. '이 일이 내게 어떤 의미가 있을까?', '내가 하는 일이 다른 사람에게 어떤 영향을 줄 수 있을까?' 이런 질문을 자신에게 던져 보면 좋겠어요. 돈이나 겉모습만 좇기보다, 내가 하는 일에 보람을 느낄 수 있을 때, 그 직업은 삶의 기쁨이자 성장의 원천이 될 수 있어요. 여러분이 어떤 길을 가든, 그 길이 '내 삶의 이유'가 되길 진심으로 응원합니다.

편 성형외과 의사로서 살아온 삶이 행복하셨나요?

류 쉽진 않았어요. 힘든 순간도 많았고요. 하지만 분명한 건, '힘들어도 행복할 수 있다'는 걸 알게 됐다는 거예요. 수술 후 환자가 웃음을 되찾는 순간, 그 한순간이 모든 고생을 보람으로 바꿔줍니다. 그런 순간들이 쌓여 제 삶을 행복으로 채워 줬다고 생각해요. 그래서 지금도 참 감사해요.

편 청소년 여러분, 자기 자신의 진정한 아름다움에 대해 고민해 보는 시간이 되었나요? 사람들의 가장 빛나는 본모습을 찾아 주는 특별한 직업, 성형외과 의사 편은 여기서 마칩니다. 류우상 선생님, 청소년들을 위해 귀한 시간 내 주셔서 감사합니다.

이 세상의 모든 직업이 여러분을 차별하지 않고 모든 문을 활짝 열 수 있도록, 『잡프러포즈 시리즈』는 부지런히 달려갑니다. 다음 편에서 뵙겠습니다! 감사합니다.

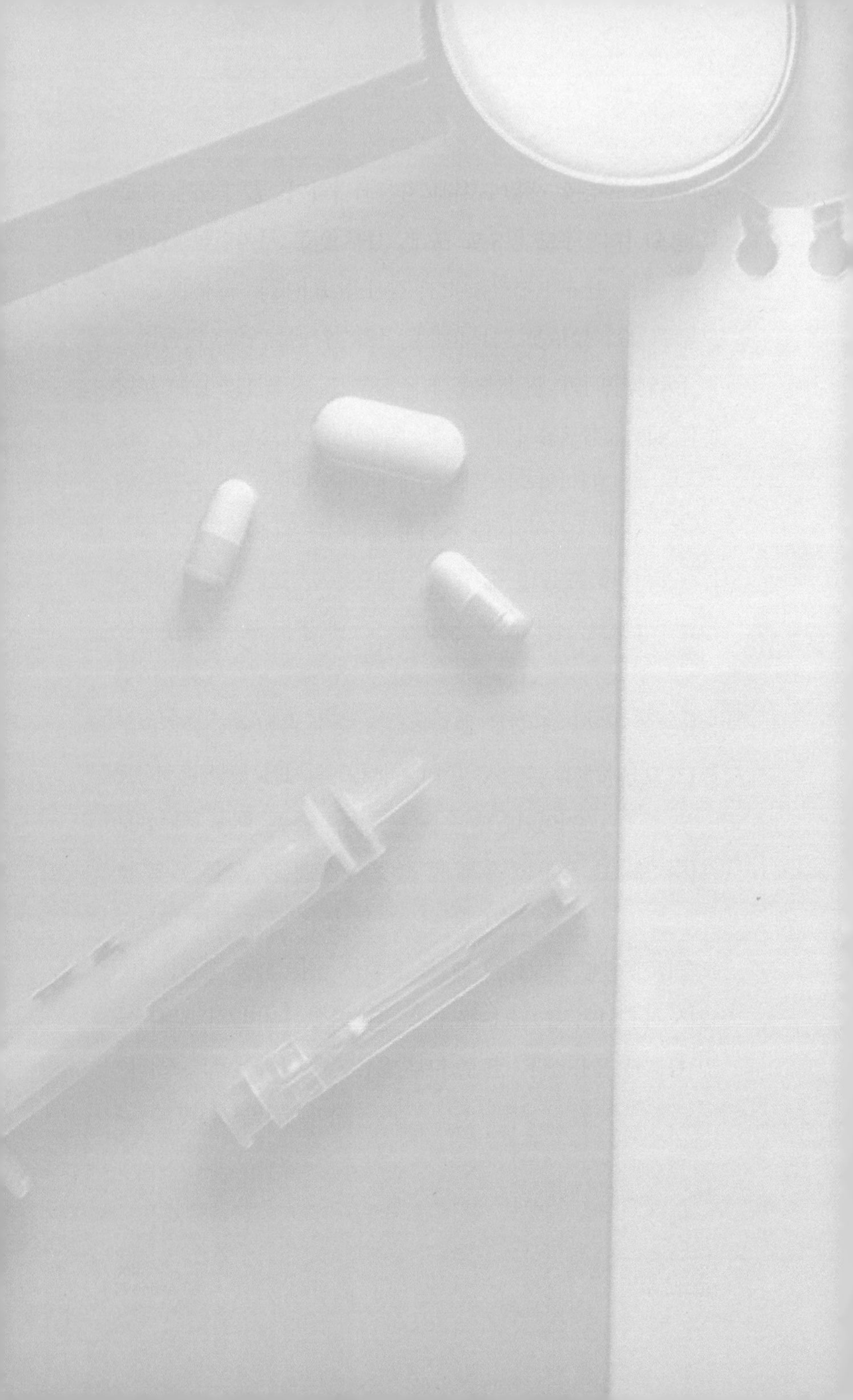

나도
성형외과
의사

스스로의 장점 발표 시간

나만의 '진짜 아름다움'은 무엇일까요?
외모가 아닌, '내 안의 강점'을 발견해 보는
시간이에요.

① 5명씩 모둠(그룹)을 만든다.
② 각자 돌아가며 자신의 장점을 발표한다.
   - 발표 시간은 1인당 2~3분
   - 예시: "나는 친구의 고민을 잘 들어 주는 편이에요."
   - 너무 거창하지 않아도 좋아요! 평소 나만의 좋은 점을 솔직하
     게 말해 보세요.
③ 다른 조원들은 발표를 듣고, 그 장점에 대한 근거를 찾아 준다.
   - "맞아, 너는 지난번에 친구 도와 준 적도 있었잖아."
   - "항상 웃으면서 인사를 잘해 주니까, 친절한 게 너의 장점 같
     아!"

친구의 장점 발표 시간

이번엔 내가 아닌 '친구의 진짜 장점'을
발견해 보는 시간이에요!
서로의 좋은 점을 찾아 말해 주는 연습을 통해,
더 따뜻한 시선으로 사람을 바라보는 힘을
기를 수 있어요.

① 한 명씩 앞으로 나와서, 친구 한 명의 장점을 발표해 본다.
　- 예시: "○○는 항상 말을 예쁘게 해요."
　　　　　"○○는 어려운 일 있을 때 도와 줘요."
　　　　　"○○는 발표할 때 자신감이 있어요!"
② 발표가 끝날 때마다, 발표를 잘 들으며 따뜻한 호응을 해 준 친
　구를 뽑아 보상을 준다.
　- 예시 보상: 스티커, 칭찬카드, 작은 간식 등
　- 호응의 예: 고개 끄덕이기, 박수 쳐 주기, 미소로 반응하기

진정한 나다움을 선물하는
성형외과 의사

'나다움' 프로젝트
친구의 진짜 장점을 매주 발견하는 따뜻한 시간

우리 반 친구들의 '진짜 나다움'을 발견해 보는
장기 프로젝트예요.
매주 한 명씩, 서로의 장점을 포스트잇에 적어
'칭찬 보드'에 붙여 보며 우리 반만의
따뜻한 분위기를 만들어 가요.

① 이번 주의 친구 한 명을 정해요. (교사가 지정하거나, 순서대로 돌
　아가며 정해도 좋아요.)
② 그 친구의 장점을 하나씩 포스트잇에 적어 '칭찬 보드'에 붙여요.
　- 예시: "○○는 수업 시간에 항상 집중해서 멋져요!"
　　　　　"○○는 친구 말을 잘 들어 줘요."
　　　　　"웃는 모습이 보기 좋아요."
③ 작성한 포스트잇은 1주일간 그대로 유지해요.
　- 친구가 볼 수 있도록 보드판 잘 보이는 곳에 붙여 주세요!
④ 다음 주에는 새로운 친구로 바꿔서 다시 진행해요.
　- 모든 친구가 한 번씩 '주인공'이 될 수 있도록 돌아가며 진행해요.

'외모와 자아' 토론하기

주제 : "외모가 자기 자신을 정의할 수 있을까"
우리의 '겉모습'은 어디까지 나를 설명해 줄 수 있을까요?
조별로 찬성과 반대로 나뉘어 토론해 보고,
서로의 생각을 나누며 진짜 자아에 대해
깊이 고민해 보는 시간이에요.

① 조별로 4~6명씩 팀을 구성해요.
② 각 조는 '찬성' 팀과 '반대' 팀으로 나뉘어요.
- 무작위 또는 자율 선택 가능
- 조원끼리 역할을 나눠 주장, 근거, 반론, 마무리 정리 등을 준비해요.
③ 토론 주제: "외모가 자기 자신을 정의할 수 있을까?"
- 찬성 입장 예시:
"외모는 나의 개성을 표현하는 수단이다."
"사람들은 외모로 첫인상을 판단한다."
- 반대 입장 예시:
"외모는 일부일 뿐, 진짜 자아는 성격이나 가치관이다."
"외모보다 행동과 태도가 나를 더 잘 보여준다."
④ 토론을 진행해요.
- 각 팀은 주장 → 근거 → 반론 → 마무리 순으로 발표
- 한 조씩 발표 후 전체 질의응답 또는 감상 나누기
⑤ 토론이 끝난 뒤, 각자 느낀 점을 돌아보며 자유롭게 이야기 나눠요.
- 토론 중 상대 팀의 주장 중 공감된 부분을 나눠 보는 것도 좋아요!

진정한 나다움을 선물하는
성형외과 의사

내가 생각하는 아름다움은 무엇인가?

'아름다움'이란 꼭 외모일까요?
여러분이 생각하는 '진짜 아름다움'은 어떤 모습인지
글로 써 보고, 친구들과 함께 토론해 보는 시간이에요.

① '내가 생각하는 아름다움'에 대해 자유롭게 글을 써 보세요.
  - 분량: 5~10줄 정도
  - 질문 예시:
      • 나에게 아름답다고 느껴졌던 사람이나 순간은 언제였나요?
      • 아름다움은 꼭 겉모습에만 있는 걸까요?
      • 마음이 아름답다는 건 어떤 걸까요?
② 글을 완성한 뒤, 돌아가며 발표해요.
  - 발표 시간은 1인당 1~2분
  - 친구들이 쓴 글을 들으며 공감되는 부분이나 인상 깊은 표현을 메
    모해도 좋아요.
③ 서로의 글을 듣고, 다양한 관점을 토론해 봐요.
  - "나는 ○○의 글에서 이런 부분이 좋았어요."
  - "○○는 아름다움을 이렇게 생각하는구나!"
  - 발표 후 간단한 피드백 또는 감상 나누기

청소년들의 진로와 직업 탐색을 위한
잡프러포즈 시리즈 86

진정한 나다움을 선물하는

성형외과
의사

2026년 02월 12일 초판 1쇄

지은이 | 류우상
펴낸이 | 김민영
펴낸곳 | 토크쇼

편집인 | 김수진
표지디자인 | 이든디자인
본문디자인 | 문지현
홍보 | 이예지

출판등록 | 2016년 7월 21일 제 2023-000173호
주소 | 서울시 마포구 월드컵북로98, 2층 202호
전화 | 070-4200-0327
팩스 | 070-7966-9327
전자우편 | myys327@gmail.com
ISBN | 979-11-94260-71-4(43190)
정가 | 15,000원